C... ...jo
bilingüe-bicultural

SONIA TOLEDO

Reed
Páginas

CÓMO CRIAR UN HIJO BILINGÜE-BICULTURAL

Un libro de Reed Páginas
Publicado por Reed Press™
360 Park Avenue South
New York, NY 10010

www.reedpress.com

ISBN 1-59429-022-9

Library of Congress Control Number: 2004105160

Interior diseñado por John Reinhardt Book Design

Impreso en los Estados Unidos de América

10   9   8   7   6   5   4   3   2   1

TABLA DE CONTENIDO

PRESENTACIÓN

Durante la composición de este libro recurrí a diferentes medios de información sobre el tema de bilingüismo y biculturalismo. Fue así que recibí varios testimonios de personas en relación a sus experiencias con este tema. Todos muy valiosos, pero éste, colaboración de un padre hispano cuya hija vive en los Estados Unidos, cautivó mi corazón.

"Hola papi,
Me acabo de comer dos nísperos ($1.75 cada uno) y me puse a llorar. No por el precio, aunque eso me dio dolor de estómago, sino porque me acordé de Tata y los árboles en el patio de la casa. Mañana me voy a comprar un par de higos para volver a llorar.
Besitos, te quiero mucho
Ana".

Gracias Ana; porque en pocas palabras, me ayudas a transmitir a los padres hispanos casi todo el mensaje de este libro. Te comunicas con tus padres con cariño y en un excelente español, compartes tus emociones y llevas muy arraigado el recuerdo de tu patria y tus abuelos.

Gracias también a las siguientes personas que colaboraron en el desarrollo de este libro: Carina Silva, Rossana Muñoz, Roberto Rojas, y Jody Ann Slavick.

Un reconocimiento especial a mi esposo por su tiempo y permanente estímulo.

INTRODUCCIÓN

Este libro nace como una necesidad de orientar a los padres hispanos que viven en los Estados Unidos en la difícil tarea de criar un hijo bilingüe-bicultural.

Ya sea por razones sociales, educativas, políticas o económicas, este grupo de inmigrantes ha llegado desde distintos países latinoamericanos siendo México, Cuba, República Dominicana y Puerto Rico los que han derivado el mayor número de inmigrantes.

Todas estas personas han experimentado a su llegada el mismo gran desafío que es común también en otros grupos étnicos: la integración a la nueva "sociedad mayoritaria". Esta integración no ha sido fácil. Desde hace varias décadas, los hispanos han enfrentado varios obstáculos como ser: la diferencia de idioma, dificultad para encontrar trabajo, el racismo, la discriminación, la escasez de servicios especiales, escasa representación política en el gobierno, limitaciones del sistema de educación bilingüe y varios otros que en mayor o menor escala han perturbado su vida cotidiana y sus anhelos de surgir.

Esta situación adversa ha cambiado favorablemente para los hispanos. Algunas características del presente latino en los Estados Unidos como, el aumento demográfico y la tasa de crecimiento, la relevancia económica de países latinos, el creciente poder adquisitivo, la mayor participación en el campo político y por consiguiente la presencia ineludible del idioma español, hacen que la comunidad hispana ejerza un gran atractivo para la sociedad estadounidense.

Esta evolución constituye un fenómeno de extraordinaria relevancia tanto desde una perspectiva lingüística como cultural.

El contenido de este libro es de gran beneficio para padres e hijos y les entrega pautas para una mayor adaptación al nuevo sistema.

Los hispanos deben estar cada vez mejor preparados para consolidar y expandir el español en los Estados Unidos y aprender el inglés como única forma de satisfacer las demandas de un mundo globalizado y determinar la posición que merecen dentro de la estructura social norteamericana.

Beneficios para los hijos

• **Oportunidad de aprender y conocer el sistema estadounidense sin perder el conocimiento de sus propias características culturales y sociales**

Así como es importante mantener el idioma y la cultura nativa, los hispanos deben aprender el nuevo idioma y los principales mecanismos de la cultura dominante. Este conocimiento les permite avanzar y tener el éxito soñado en el campo educativo, económico, cultural y social.

Este proceso de adaptación es fundamental para alcanzar esas metas que padres e hijos se han trazado para el futuro. Por eso, es necesario que los padres establezcan un plan de actividades y se organicen de tal manera que sus hijos puedan beneficiarse al máximo de todas las oportunidades y posibilidades de éxito que les ofrece el país que los acoge.

• **Aprender técnicas necesarias para enfrentar con éxito la creciente globalización mundial**

Muchos países latinoamericanos están abriendo sus fronteras para la inversión extranjera y ser parte activa dentro de la comunidad global. Los Estados Unidos y Europa han firmado importantes tratados comerciales con esos países.

Se traduce de este hecho que la comunidad hispana juega un papel cada vez más importante en el futuro inmediato. Los Estados Unidos necesita cada vez más de profesionales hispanos que sepan inglés y español y entiendan las manifestaciones culturales de otros países latinos. También, debido al creciente aumento de la población hispana en los Estados Unidos y la creciente globalización mundial, los valores hispanos son cada día más respetados y más considerados.

La juventud hispana, siempre que llegue a ser responsablemente bilingüe-bicultural, tiene un gran espectro de oportunidades de triunfo profesional y satisfacción personal.

En este libro encontrará una orientación significativamente práctica. Se incluye la definición de conceptos básicos y sugerencias de actividades que ayudarán a los padres a situarse en el ambiente correcto ante un proceso tan importante como es la educación de sus hijos. Estas definiciones no pretenden dar el conocimiento total del tema con el cual están relacionados, pero sí pueden darle una idea general que sirva de respuesta a sus inquietudes de cómo criar un hijo bilingüe-bicultural.

Beneficios para los padres

• **Obtener información sobre programas, políticas y recursos que les permitan razonablemente implementar con efectividad un plan educativo bilingüe**

En el momento de ingresar a otro país la familia se ve enfrentada a un idioma y una cultura totalmente diferente. Este cambio produce muchas veces una reacción de angustia en los padres ante la incertidumbre de cómo adaptarse a esta nueva sociedad.

Uno de los grandes desafíos es cómo educar a sus hijos. En este momento surgen interrogantes respecto al uso del idioma. *¿Se les debe enseñar el inglés y el español? ¿El estudio de dos idiomas re-*

trasa el rendimiento escolar? ¿Para qué sirve el español si vivimos en los Estados Unidos? ¿A qué edad pueden aprender un segundo idioma?

Los padres encontrarán aquí información elemental sobre programas y técnicas para proveer a sus hijos de una educación completa que les permita desarrollarse como seres humanos y manejar las técnicas necesarias en el aprendizaje de los dos idiomas: español e inglés.

• **Mantener abiertas las líneas de comunicación en la familia, escuela y comunidad para mostrar con orgullo sus orígenes hispanos, tradiciones y cultura.**

A pesar de que el español es la lengua común a todos los hispanos que emigran a los Estados Unidos, cada grupo étnico tiene una cultura diferente que la caracteriza.

La nueva familia trae consigo, además del recuerdo imborrable de su patria, un conjunto de elementos culturales como ser: religión, tradiciones, costumbres, música, arte, código de valores, etc., que componen una herencia cultural que ha sido transmitida de generación en generación. Es tarea de los padres transmitir esta cultura a sus hijos. El niño necesita saber el origen de sus raíces, el idioma materno y, sobre todo, necesita conocer los valores propios de la identidad familiar. A medida que el niño aprenda su cultura nativa, aprenderá a valorarse y respetarse a sí mismo.

CAPÍTULO 1

EL ESPAÑOL COMO LENGUA NATIVA

Importancia del español en los Estados Unidos

Es necesario que los padres hispanos hagan conciencia del valor que tiene su idioma en los Estados Unidos y se esfuercen por mantenerlo, enriquecerlo y transmitirlo a las futuras generaciones. Estos valores se pueden desglosar de la siguiente manera:

Valor intelectual

El concepto de valor intelectual se relaciona con el nivel de conocimientos que cada individuo adquiere a través de su vida. El conocimiento básico para todo ser humano es el conocimiento de su idioma, la única y primera vía para comunicarse con los seres que le rodean. Para los hispanos, el aprendizaje de un buen español les permite conocer su propia cultura, sus raíces y su autenticidad. Una vez que tomen conciencia de su propio valor individual, les será más fácil comprender y tolerar otras creencias y comportamientos de grupos diferentes.

6

La tecnología moderna, la informática y todos los avances de la comunicación, no tendrían valor alguno si detrás de todo aquéllo no está la persona que sepa dialogar y escuchar, atender las razones de sus interlocutores y respetar sus opiniones. Esta amplitud de criterio, tan necesaria en el actual mundo en que vivimos, se puede obtener a través de una buena educación, a través de un idioma bien manejado, y qué mejor que el propio idioma.

Este enriquecimiento intelectual a través del idioma español permite además:

- Aprender un segundo idioma con facilidad.
- Estimular la creatividad artística.
- Mejorar el nivel educativo. (Cursos de educación superior.)
- Servir de ejemplo positivo contra estereotipos y prejuicios.
- Obtener movilidad social (Mejores empleos, mayor representación política.)
- Representar dignamente a otros miembros de su comunidad.

Saber un buen español permite abrir la mente y manejar responsablemente herramientas necesarias para enfrentar con éxito un mundo lleno de cambios y desafíos.

Cada hispano en los Estados Unidos debe hacerse conciencia de que es representante de la comunidad extranjera más grande de este país y esta realidad lleva consigo un sinnúmero de responsabilidades consigo mismo y con los demás. Cada uno debe enriquecer su intelecto, su personalidad, su capacidad de relacionarse con los demás, su capacidad de entender a los demás y mantener una escala de valores.

El conocimiento de un buen español puede ser la base de este enriquecimiento personal a través de la educación en todos sus niveles.

En la revista *La vía del Éxito* del 11 de Octubre del 2003, aparece una entrevista a Rosario Marín, la primera hispana nacida en un país latinoamericano en ser elegida Tesorera de los Estados Unidos. Su historia es igual a la de millones de inmigrantes que vienen a este país en busca de una oportunidad. He seleccionado una de las respuestas para ilustrar como se siente un hispano cuando logra una meta.

Pregunta: "Desde hace 226 años, desde la creación de la Tesorería de los Estados Unidos, ninguna persona que hubiese nacido en un país extranjero había ocupado el cargo de Tesorera. Como mexicana,¿Cómo ve esta decisión del Presidente Bush?".

Respuesta: "Esta es una decisión que me halaga profundamente, me llena de humildad y al mismo tiempo de orgullo. De la forma en que yo lo interpreto, esta distinción que me otorga el Presidente Bush, es un reconocimiento a lo que yo represento. Yo represento a una mexicana, a una inmigrante, a una comunidad que viene a este país sin hablar inglés y, sin embargo a través de esfuerzo, trabajo y educación, logra hacerse el lugar que se merece".

Saber español enriquece el intelecto y la capacidad de interacción social.

Valor con la comunicación

El español en el hogar fortalece la comunicación entre los miembros de la familia y de otros miembros que están ausentes (abuelos, tíos, primos) a los cuales se les podrá enviar cartas, casetes, videos o hablar por teléfono.

En la escuela, los niños en programas bilingües pueden usar el español para una mejor comunicación con el maestro y, a la inversa, el maestro puede usar el español para ofrecer las primeras explicaciones de un nuevo concepto. Ej.: Concepto de multiplicación o división. Después de adquirido el concepto se transfiere el conocimiento al inglés fácilmente.

Además, favorece el proceso de socialización del niño al comunicarse con niños de su misma edad.

En la comunidad le ayuda a relacionarse socialmente en lugares de concentración de personas que hablen español: iglesia, festividades, celebraciones en clubes, participación en instituciones artísticas, deportivas u otras. Estas actividades fuerzan al niño a una comunicación formal y le sirve, además, para enriquecer su vocabulario.

Respecto al valor comunicativo del español, también lo podemos percibir en el hecho de que este idioma se ha convertido en el idioma común de una importante red de medios de comunicación masivos. Es la lengua de grandes cadenas de televisión, de radiodifusoras y de un gran número de diarios y revistas. Usted puede encontrar otros ejemplos más adelante en la sección *Presencia hispana en los medios de comunicación*.

Estos ejemplos y muchos otros más nos sirven de testimonio del valor de comunicarse en español en los Estados Unidos.

Valor intercultural

El español nos permite interactuar con otras culturas.

Se considera población hispana al grupo cuya lengua nativa es el español. También se les denomina latinos o hispanos ya que provienen de diversos países de Latinoamérica y España.

Los más recientes han llegado inmigrantes de Sudamérica como chilenos, colombianos, peruanos, argentinos, bolivianos, etc. Probablemente aumente el número de bolivianos debido a crecientes conflictos políticos y sociales que hoy presenta Bolivia.

No podemos dejar de mencionar a los inmigrantes de España por el significado y riqueza cultural que representan y con la cual los latinoamericanos se sienten identificados al compartir un mismo idioma.

Como se puede apreciar los hispanos incluyen diferentes nacionalidades y culturas, y sólo a través de una buena interacción entre estos grupos se podrá ejercer el poder necesario en el establecimiento de leyes y programas que los benefician en el campo educativo, social, político, y económico.

Es así que podemos apreciar el valor intercultural del español en los Estados Unidos como base de la comunicación, conocimiento e intercambio cultural entre hermanos de una misma raza.

Valor comercial

De acuerdo al último Censo del año 2002, más de 35 millones de personas hispanas (sin contar a los aproximadamente siete millones de indocumentados) componen la minoría de más rápido crecimiento en Estados Unidos con una población que experimentó un aumento del 57% en la última década. Además se calcula que su poder de compra creció en un 156% en los últimos siete años.

Las cifras hablan de un mercado atractivo para cualquier empresa y los estadounidenses cada vez están más conscientes de las posibilidades comerciales que presenta este nuevo mercado.

Otros dato de interés es que los hispanos tienden a mantener su idioma más que cualquier otro grupo étnico (el 75% de los hispanos habla su idioma nativo en el hogar). Es por esto que las grandes compañías contratan profesionales bilingües con el objetivo de conocer mejor las demandas y conductas de consumo de esta comunidad y también desarrollar estrategias de publicidad en español para comunicarse más efectivamente con este grupo y captar así este enorme poder adquisitivo de los hispanos en los Estados Unidos.

A pesar de que los latinos están muy orgullosos de sus tradiciones, valores, idioma, religión y otros rasgos culturales también están muy abiertos al cambio y la innovación en la adopción de marcas norteamericanas, productos y servicios, en la medida que no comprometen sus valores básicos, logrando formar así una nueva identidad, tomando ventaja de lo mejor de ambas culturas.

El que sabe español tiene aquí una gran oportunidad para interactuar comercialmente en esta nueva sociedad hispana y servir de canal de comunicación en diferentes trabajos. Por ejemplo, si trabaja para la compañía de la Coca Cola podría tener un cargo de recibir o de despachar pedidos con alguna instrucción especial en español, puede llegar a ocupar un cargo administrativo o conseguir un trabajo para otra compañía y dar ideas en dónde el mercado latino es más grande para la venta de un determinado producto.

Además podrá comunicarse mejor con hispanos recién llegados a esta compañía y que no hablan inglés. Así podría explicarles mejor los mecanismos de trabajo y las reglas de seguridad. Se sabe que hay numerosos accidentes de trabajo porque las personas no saben leer las medidas preventivas y las instrucciones de uso de máquinas. Si sabe español puede convertirse en instructor o abogar por los derechos de seguridad laboral de los trabajadores hispanos.

Otro ejemplo del uso del español en el campo comercial es la participación de una persona bilingüe en las transacciones que haga un empresario latino dentro de los Estados Unidos y que desea vender sus productos, por ejemplo, los productos alimenticios y ropa de México o un vino de Chile.

Factores relacionados con el aprendizaje del español

Edad

Sergio Bohórquez, Doctor en Psicología Social (Universidad de Palo Alto, California), y Nicholas Spitzer, Doctor en Neurobiología, (Universidad de California) de los Estados Unidos, coinciden en sus observaciones y aseguran que los primeros tres años de vida son claves para el aprendizaje porque "éste es el período de maduración del cerebro, donde se forman las neuronas y se establecen las conexiones nerviosas".

Niños entre los dos a seis años adquieren el conocimiento del idioma tan rápido que cuando llegan a la escuela, ya manejan un vasto vocabulario y han adquirido algunas habilidades básicas de conocimiento como comprensión, atención, memoria, relación, uso de símbolos y otras.

Es la edad en que el niño es "explorador de su medio por excelencia", y trata de conocer y asimilar todo lo que se le presenta alrededor. Basados en esta característica infantil es que los padres deben proveer un ambiente rico en estímulos que permitan a su hijo aprender español de forma natural y entretenida.

A esta edad, el aprendizaje del español es básicamente oral, por lo tanto, estimule a sus hijos pequeños a expresar sus necesidades, ideas y sentimientos como manera de enriquecer su lenguaje y su personalidad.

A los dos años el niño es capaz de usar un promedio de 300 palabras y maneja algunos conceptos lingüísticos como los pronombres "yo" y "tú". También expresa conceptos de pertenencia al emplear las palabras "mío"—"tuyo"—"mí". Entiende conceptos de ubicación como: en, sobre, debajo, afuera, adentro, etc. Es la edad en que empieza a desarrollar el lenguaje propiamente tal como elementos de estructura, lo cual es importantísimo para un adecuado desarrollo de su inteligencia.

Familia

Es muy importante la colaboración de los padres en el arte de enseñar, ya que son ellos mismos los primeros educadores y, por lo tanto, tienen que asumir esta difícil tarea con el máximo de responsabilidad y compromiso.

Los programas de enseñanza en español en los Estados Unidos son muy limitados, por lo tanto, esta tarea recae en la familia del estudiante.

A veces la realidad familiar no coincide con el patrón de familia común: padre—madre—hijos. Muchos niños son criados sólo por la madre o por los tíos y abuelos.

Algunos padres trabajan y no disponen de tiempo para atender a sus hijos.

Cualquiera que sea la condición de este grupo familiar, es responsabilidad de sus miembros de orientar al niño en sus primeros aprendizajes y el más importante es el idioma. Los padres deben esforzarse para que esta comunicación sea efectiva y entretenida. Deben usar los términos adecuados y la pronunciación correcta.

Por ejemplo, por muy simpático que parezca, no usen muchos diminutivos, ni hablen como bebé con sus hijos. Esta práctica retrasa el aprendizaje de un idioma y dificulta el enriquecimiento del vocabulario.

Una vez que el niño aprenda a comunicarse se le facilitará la aceptación y comprensión de otras materias o conductas ya sea en el hogar o en la escuela.

Escuela

Antes de que su hijo ingrese a la escuela, es necesario que lo prepare para que este gran cambio en su vida no sea traumático.

Llévele a conocer la escuela y su maestro con anterioridad y así evitará menos tensión en los primeros días de clases.

- Si sus hijos ya han asistido antes a la escuela, recuerde que también pueden reforzar en casa estas actitudes usando constantemente frases de apoyo y estímulo. Nunca decir "eres torpe" o "eres incapaz".

- Los hijos de familias hispanas recién llegadas y que estén en edad escolar serán ubicados en los grados que les corresponda por edad en un programa bilingüe o de inglés solamente. Para el estudio del inglés se les ubicará en niveles de acuerdo a los conocimientos de ese idioma, sin considerar la edad.

- Estos niveles son:

  Básico: Aquí se ubican los estudiantes que están empezando a aprender inglés.

  Intermedio: Aquí se ubican los estudiantes que ya poseen algunos conocimientos de inglés.

  Avanzado: Los estudiantes que ya pueden hablar, leer y escribir bien el inglés.

- Así, un niño de doce años, recién llegado de un país latino, puede ser ubicado en 7° grado de acuerdo a su edad y en Nivel Básico para aprender inglés. Posteriormente pasará a Nivel Intermedio y, finalmente a Nivel Avanzado, cuando haya aprendido el idioma. Lo mismo ocurre con estudiantes que ingresan a la enseñanza primaria o secundaria.

Parte de esta experiencia escolar es cumplir con las tareas o deberes asignados por el maestro y que el niño debe realizar en casa. Los padres pueden ayudarle, pero dejen que sea él quien realice y termine la tarea para inculcarle el sentido de responsabilidad y satisfacción de ver su obra terminada.

Si su hijo ingresó al programa bilingüe, asegúrese que cada día tenga en casa una tarea en español. Recuerde que el hecho de ir a la escuela significa que su hijo estará expuesto al idioma inglés la mayor parte del día y, aunque esto es de gran beneficio, no puede descuidar el aprendizaje de su idioma.

Es una nueva y doble responsabilidad de los padres: reforzar en casa los programas escolares o académicos y reforzar el aprendizaje del español dando énfasis a la lectura y escritura.

La escuela es, junto con la familia, la institución más importante e influyente en el desarrollo del ser humano.

Estrategias para la enseñanza del español en el hogar

Plan de actividades

Este plan es aplicable para niños de cualquier edad.

Ustedes, los padres, han tomado la determinación de mantener el español en el hogar.

Esta tarea requiere de un plan previo, una preparación especial. Sólo tiene que conocer los intereses de sus hijos, sus capacidades y también sus límites; así podrá motivarlos mejor, guiarlos mejor.

La eficacia del plan depende de elementos básicos como conocer:

- La capacidad del niño, habilidades, atención, memoria e imaginación.
- Su personalidad y carácter.
- Cómo se relaciona con las cosas y con sí mismo.
- Los antecedentes académicos (Evaluación de la escuela.)
- Sus condiciones físicas y de salud (Exámenes médicos rutinarios.)
- Sus intereses, aspiraciones e ideales (Futuro académico profesional.)
- Su nivel de integración en el grupo escolar y si es necesario ayudar a su integración.
- Su actitud ante el trabajo escolar.
- Sus actividades fuera del hogar. (En su tiempo libre.)

En las aptitudes no se puede influir mucho, es parte de nuestra personalidad, pero la motivación podemos adaptarla, estimularla y así facilitar el deseo de aprender.

Algunos padres, por diversas razones, no han logrado un nivel educativo que les permita ayudar a sus hijos y sufren la natural angustia de sentirse incapaces de guiar a sus hijos.

Frente a esta situación de desaliento, más vale ser honesto y decir "no sé, pero vamos a averiguarlo con otra persona o consultarlo en un libro". De esta manera usted está enseñando una actitud positiva frente al aprendizaje.

Otro dato que contribuye a un buen plan de actividades es la preocupación del ambiente familiar. Provea el mejor ambiente para sus hijos pues ello marca una influencia importante en su rendimiento. Lo ideal es facilitar al niño de:

- Un lugar adecuado para estudiar (Sala, comedor, cocina, dormitorio u otro.)
- Mesa y silla que sean de comodidad del niño.
- Iluminación adecuada (Preferible que la luz entre por el lado contrario a la mano con que escribe.)
- Temperatura agradable.
- Ventilación suficiente.
- Televisión, radios y otros artefactos similares apagados. Estudiar requiere atención completa, de lo contrario la memoria no registra toda la información en calidad permanente.

Al hablar de ambiente familiar también debemos mencionar la relación que existe entre los padres. El estado de armonía y equilibrio de sus emociones es una parte muy influyente en el rendimiento de los niños.

Es conveniente también, establecer un código de disciplina que es el grado de exigencia de los padres, que sin ser drásticos, muestre su firmeza a la hora de evaluar el rendimiento y dedicación al estudio de sus hijos.

Estar en buenas condiciones físicas también es determinante

para un buen resultado y rendimiento. Corto de vista, problemas de oído, falta de sueño, hambre, cansancio, dolores de ojos, dolores de espalda y de cabeza son problemas muy comunes que hay que solucionar de alguna manera.

Una vez que los padres se sientan en confianza para empezar la enseñanza de sus hijos, recién entonces deben planear paso a paso cada actividad que deseen desarrollar.

Horario de estudio

Un horario de trabajo o de estudio se establece de común acuerdo entre padres e hijos. A la vez nos ahorra tiempo y esfuerzo y, lo que es más importante, va creando hábitos de trabajo. Estos hábitos adquiridos a temprana edad serán el pilar de la personalidad del niño desde el punto de vista social. Cuando crezca, su hijo se verá expuesto a innumerables actividades, ya sean familiares, escolares, comunitarias, sociales o profesionales, en que los factores "tiempo" y "hora" son importantes. Cumplir con un horario crea una buena imagen de sí mismo, ayuda a coordinar nuestro tiempo y por consiguiente nuestras actividades. Cuanto más organizada sea una persona, más provecho obtiene de su tiempo.

Los pequeños, a pesar de su corta edad, pueden adaptarse a un horario de actividades, como un paseo por el barrio, visita a una plaza de juegos, escuchar un casete, pintar o escuchar un cuento antes de dormirse.

Cada niño tiene su propio ritmo de aprendizaje, diferentes técnicas de aprendizaje, por lo tanto, este horario debe ser flexible de acuerdo a las capacidades y edad de cada uno. Puede que su hijo prefiera hacer las tareas de inmediato después de llegar de la escuela y otros prefieran hacerlo después de haber jugado, comido o descansado.

Debido a que las situaciones familiares son tan variadas es difícil sugerirles "cual horario es mejor", pero, cualquier horario que decidan, deberá ser respetado. Deje siempre un tiempo para el estudio. Hasta quince minutos en pre infancia y dos horas en la adolescencia. Permita tiempos de descansos que son tan valiosos como el estudio.

Sistema de refuerzo y premiación

Para educar a un niño y lograr que su rendimiento sea más efectivo, su aprendizaje más rápido y mejore su participación social, es necesario utilizar ciertas técnicas de premiación. Este "premio" puede ser una alabanza, un abrazo, un beso, unas monedas, un paseo o cualquier beneficio que sirva para demostrarle al niño que usted está conforme con su acción, especialmente en el aprendizaje de un segundo idioma, ya que significa un doble esfuerzo de parte del menor.

Comunicarle al niño su reconocimiento de lo "bien hecho" estimula su deseo de repetir de nuevo la acción deseada. Un esfuerzo positivo o premio evita actitudes agresivas, tímidas o de baja autoestima.

También deben decidir qué elementos correctivos emplear en caso de que el niño no realice la conducta deseada.

Por ejemplo: negarle la atención o negarle un beneficio puede ser productivo para corregir diferentes actitudes. Siempre déjele saber el motivo por el cual es castigado (nunca castigo físico).

Sugerencias:

- Ayudar al niño, cooperar con él y mostrarse complacido por sus logros. Por ejemplo si realiza un trabajo de investigación como ser con mapas, libros, Internet, etc.
- Ofrecer modelos que resalten la conducta deseada. Investigue sobre un deportista famoso de su país o de los Estados Unidos si quiere incentivar a su hijo a practicar deportes.
- Enseñarle habilidades para que practique y ensaye esa conducta. Por ejemplo, enseñarles las señales de tránsito y cómo respetarlas.
- Indicarle sus errores y ofrecer ayuda para corregirlos. Por ejemplo, terminar las tareas a tiempo.
- Hacerle saber qué conductas son deseadas o esperadas. Por ejemplo la conducta en un teatro, en una conferencia, en un museo, en una fiesta, en casa, o simplemente como ordenar

su cuarto y sus útiles. También puede relacionarse a valores tales como honradez, cooperativismo, respeto a los ancianos, puntualidad, etc.

Una recompensa o una palabra de aliento permite al niño darse cuenta de que es apoyado y querido.

Proveer el material adecuado de acuerdo a sus posibilidades

Se entiende por materiales de enseñanza, todo aquello que estimule visual y auditivamente al niño para un aprendizaje más completo. Nos referimos a juegos, libros, música, ciertos programas de televisión educativos, incluso papel y lápices para escribir y colorear.

Cada familia decide la calidad y cantidad de este material según sus recursos económicos. No necesariamente tiene que adquirir objetos costosos, sino que puede complementar su objetivo con visitas a lugares educativos que sean gratis, puede solicitar libros y cuentos en las bibliotecas o construir en casa juegos y juguetes para los más pequeños. Para esto pueden usar materiales domésticos que no utiliza, tales como: envases, bolsas de papel, calcetas, hilos, botones, láminas de revistas, semillas, etc. Con algunas pinturas y pegamento usted se asombrará de lo que pueden hacer. Son cosas sencillas, pero sirven para despertar el interés del niño especialmente si ellos ayudan en su construcción. Recuerde que necesitará estos materiales para actividades de la enseñanza del inglés y el español.

Lo ideal es que los padres puedan administrar su presupuesto para que puedan ir al cine con los niños de vez en cuando, realizar un viaje, ir a museos o exposiciones, comprar libros, juegos educativos y sería muy conveniente tener un computador. Deben preparar a sus hijos para esta época de la cibernética, donde el computador es cada día una herramienta indispensable de estudio y más delante de trabajo.

Actividades sugeridas

La enseñanza del español en el hogar será más beneficiosa si se apoya en los intereses que caracterizan a los niños de todas las edades. Estos son: la música, el arte, el juego y la literatura.

Por ejemplo, si les enseñamos a un pequeño de cinco años a escribir su nombre, será mas entretenido si lo escribe con semillas o granos de colores, que usando lápiz y papel; o un adolescente de trece años podrá entender mejor los efectos de la guerra si lee el libro *El Diario de Ana Frank* que relata las experiencias de una niña judía durante la ocupación alemana en Holanda, pudiendo aprender así, no sólo la historia, sino también los problemas de la adolescencia.

Música

Casi simultáneamente con la capacidad de hablar, aparece en el ser humano el canto y el interés por la música. ¿Nunca vieron bailar a un bebé que apenas puede mantenerse en pié?

La voz y el cuerpo constituyen los principales medios para la realización de las actividades musicales. Por ejemplo, como base para un posterior aprendizaje de la lectura en voz alta está la actividad primaria del canto.

Es importante aclarar que cuando realiza una actividad musical con su hijo, no sólo le enseña "cantitos", sino que le transmite otros valores que más adelante servirán de base para el aprendizaje de lectura y escritura como ser:

- Enriquecer el vocabulario: Se aprende nuevas palabras en las canciones.
- Estimular la actividad mental: Memorizar y diferenciar conceptos. Para aprender los colores, los números, nombre de animales, etc. el canto es de gran ayuda.
- Incentiva la creatividad: Inventar canciones: Usa elementos de la literatura como ser la rima y creación de personajes.

- Desarrollar la audiopercepción: Saber escuchar. Capacidad indispensable para el aprendizaje de la pronunciación de cualquier idioma.
- Desarrollar la capacidad de observación y reconocimiento. No sólo de palabras y sonidos sino de conceptos, ideas y sentimientos, indispensables para la interpretación de textos, novelas, cuentos o poemas.
- Incentiva el gusto por la música: aprender danzas y canciones de su folclore. Así el niño favorece el respeto y valoración de su patrimonio cultural.

La música, naturalmente, deleita y conmueve a los niños, ya sea una música alegre como para bailar o una dulce canción de cuna para dormir.

Arte

La expresión de arte más común en los niños es el dibujo, pues así manifiestan sus ideas y sentimientos, especialmente los pequeños que no tienen palabras todavía para expresar sus emociones.

Al hacer un dibujo, el niño pone en juego muchas habilidades que le sirven de base para el aprendizaje de la lectura y escritura. Otras expresiones de arte son: modelar objetos, recortar y pegar dibujos, construir objetos, etc. Algunos beneficios son:

- Enriquece el autoestima: Satisfacción de terminar una obra. Lo mismo sentirá al realizar otras actividades a través de su vida como leer un libro, o dibujar una historia.
- Estimula la capacidad creativa: Los niños también usan su capacidad creativa al inventar un cuento o escribir una composición.
- Enriquece la capacidad de conocimiento: Relaciona conceptos (figura, color).
- Estimula la independencia: Toma decisiones de qué hacer y cómo. Una obra artística es algo muy personal.
- Enriquece el vocabulario: De los instrumentos que usa para

su trabajo como (pegamento, figuras, colores) y para aprender el nombre de los objetos o personajes que dibuja.

- Estimula la habilidad manual fina: uso de lápices, tijeras y pinceles. Le ayudará en la manipulación de otros elementos más complicados en la escuela como son: compás, microscopio o elementos químicos y también sirven para mejorar la escritura.
- Enriquece la coordinación visomotora (de manos y ojos). Indispensable para la escritura.
- Estimula la fantasía: Interpretación individual del entorno. Aprender también a apreciar las obras de arte de otras personas especialmente en visitas a museos y exposiciones.
- Estimula la expresión oral: Los niños hablan de sus dibujos, creando muchas veces historias maravillosas. Esta actividad les preparara para la lectura y enriquece su vocabulario.
- Un trabajo de arte de su hijo puede servir para descubrir su vocación por ejemplo: dibujos o maquetas de edificios indican sus gustos por el diseño y la construcción; dibujo de figuras humanas podría demostrar inclinación a ser dibujante de dibujos animados.

Provea a su hijo de un ambiente rico en motivaciones. Provéale de material necesario y ejerza cierta disciplina si no quiere sus paredes rayadas o sillas con pegamento. Felicite a sus hijos por sus creaciones y manténgalas en un lugar destacado. Así, él comprenderá que puede valerse por sí mismo, podrá encontrar satisfacción en el trabajo y sabrá que sus padres lo apoyan y lo quieren.

También el dibujo es un elemento muy usado por los psicólogos o maestros para interpretar problemas emocionales de los estudiantes.

Juego

Los juegos casi siempre van asociados a diversión. Sin embargo el juego es fundamental para promover el desarrollo de áreas del cerebro que se relacionan con el aprendizaje, entendimiento, solución de problemas y actitud social. También ayuda a elevar el interés y la motivación. Se puede usar para reforzar conceptos por ejemplo; colores, formas geométricas, números, características de animales, identificación de personajes, etc.

Algunos son individuales como ordenar tarjetas por orden alfabético, parear ilustraciones de características similares, hacer torres con bloques. Otros requieren ruido y movimiento, compañía o competencia. La mayoría se realiza en un grupo por lo tanto la escuela es el ambiente para llevarlos a cabo. Sin embargo muchos de ellos se realizan en casa con miembros de la familia o amigos que sus hijos puedan invitar.

Los pequeños prefieren los juegos manuales usando juguetes para construir y crear. Esto estimula su imaginación y mejora su motricidad fina. Los más grandes (8–13) prefieren juegos de competencia o de palabras: Ej. "Adivina quién soy" o "Adivina qué soy". (Una persona dice características de algo o alguien y los demás adivinan qué o quién es). Sirve para aprender acerca de animales, profesiones, personas de diferentes edades como bebé, anciano, o algún miembro de la familia.

Todo juego exhibe una enseñanza por muy insignificante que parezca. Por ejemplo: si la madre muestra un objeto al niño, cierra la mano y la esconde en su bolsillo y después muestra la mano vacía, le esta enseñando de esta manera el concepto de "conclusión". La agilidad mental del niño le permite buscar en el bolsillo de la madre y no en su mano vacía. Este simple juego prepara al niño para la comprensión de la lectura y cómo sacar conclusiones de lo leído.

Agarrar una pelota a la edad de tres años le asegura al niño un desarrollo motriz normal e indispensable para aprender a escribir. Si un niño a la edad de cinco años no puede saltar con los dos pies juntos o en un pie, demuestra que no coordina bien y puede presentar dificultad de aprendizaje.

Enseñe a sus hijos juegos de su país de origen que más tarde pueda compartir con sus compañeros de escuela.

Evite juegos que usen dinero y establezca reglas mínimas y claras. El juego es usado por los maestros en cualquier edad del niño, en especial en los programas bilingües o de educación especial pues ayuda a eliminar las tensiones que provoca el aprendizaje de un nuevo idioma. Algo tan simple como jugar a las escondidas le permite enseñar al niño a contar o jugar un juego con dados le permite sumar dos cantidades.

Mi intención es dar a conocer a los padres la importancia del juego en el aprendizaje de lectura y escritura del español, como así también en el desarrollo de conductas deseables de la personalidad y autoestima.

También el juego enseña a respetar reglas, seguir instrucciones, competir en grupos y aceptar triunfos y derrotas que son conductas deseadas no solo en la escuela sino a través de toda la vida.

Literatura

Hemos querido dar una extrema importancia a este tema porque es una de las actividades más recurridas por los padres y la de más significación en el futuro de sus hijos. Una de las primeras actividades literarias que enfrenta el niño es el cuento.

Contar un cuento es llevar de la mano a su hijo, paso a paso, hacia el maravilloso mundo de la lectura.

De esta manera, los padres pueden contribuir a que los niños desarrollen el pensamiento, la capacidad de imaginación, el lenguaje y una equilibrada valoración de sí mismos.

Cuando el padre lee cuentos a su hijo estimula su capacidad de pensar, le hace interesarse por los demás y ser capaz de tener una actitud positiva para enfrentar los diferentes cambios a que se ve enfrentado al integrarse a una cultura diferente.

Además de leer cuentos los padres pueden inventar una historia o dejar que los niños la inventen.

Invención por los padres

Usar elementos del entorno o producto de la imaginación. El mundo de los niños está compuesto de fantasía e imaginación, por lo tanto, invente una historia para que sus hijos estimulen su creatividad. Usted también disfrutará como si fuera un niño. Aproveche esta oportunidad para incluir elementos de su cultura:

animales típicos de su país, fiestas tradicionales, lugares, etc. Invente un viaje de aventura en que tiene que cruzar cordilleras o un desierto, describa con quiénes se encuentran y las tragedias o travesuras de algún personaje típico de su cultura. Esto lo ayudará a desarrollar un vocabulario más amplio.

Invención por los niños

Para estimular la imaginación del niño déle algunas pautas o ideas: "Un dinosaurio llega a la ciudad de Nueva York y al cruzar un puente…, "Pedrito recibe un extraño regalo de sus abuelos que viven en Perú…

Preferencias infantiles:

1–5 años: Animales extraordinarios, un personaje central.

6–8 años: Elementos imaginarios y fantásticos. Como hadas y magos.

9–10 años: Elementos de aventura. Combinación de realidad y fantasía como se observa en la historia de Harry Potter. Experiencias personales combinadas con elementos fantásticos. Ejemplo un viaje de los Estados Unidos a México.

11–adelante: Elementos de héroes y mitos. Puede hablar de los héroes de su país nativo o leyendas populares.

Cada vez debe aumentar el uso de descripciones para enriquecer el vocabulario.

Elementos que invitan a crear narraciones

Del entorno familiar

Es el mundo que el niño conoce dentro del hogar. Objetos, juguetes favoritos, retratos, mascotas, ventanas, el jardín, los abuelos, el trabajo en la casa, la cocina, el cuarto, una fiesta familiar y, por supuesto, los padres, a quienes los niños siempre tratan de imitar. (De ahí el juego favorito de las niñas de vestirse con la ropa y los zapatos de mamá). Así el niño aprende de sus valores

familiares y de su nuevo ambiente, posiblemente muy distinto al
país del cual viene.

La relación del niño con los objetos depende de la edad. Especialmente en la actividad de "personificación." ¿Hasta qué edad el niño
cree realmente que un ratoncito puede hablar? Recuerde que todas
estas actividades le ayudarán a enseñar el español en el hogar y preparar a sus hijos para un mejor rendimiento en la escuela. Muchas
veces son los maestros que les exigen inventar una historia.

Del entorno local

Es el mundo espacial o exterior que el niño descubre cada día. Para
los más pequeños puede ser el barrio, el parque, la guardería infantil, supermercados, tiendas, casa de vecinos, iglesia, etc.

Los mayorcitos probablemente han ido más lejos del barrio y
manejan otras vivencias como: viaje en transporte público, edificio
de la escuela, lugar de trabajo del padre, campo deportivo, etc.

Si el niño lo interrumpe con preguntas acerca de personajes o
situaciones, siempre responda con paciencia, verdad y claridad.

Las historias de la familia, ayudándose de fotografías, constituyen una herramienta valiosísima, no sólo para estimular los
elementos de narración, sino para afianzar el conocimiento, comprensión y valorización de las diferencias entre miembros de una
familia. Afianza el interés de conocer lo propio, las raíces. Refuerza
los sentimientos de amor y respeto hacia los mayores, tan caracter-
istico del pueblo hispano.

Introducción a la lectura

Una persona que lee mucho tiende a ser mejor estudiante, poseer
un criterio más abierto a las diferencias de los demás, tiene más
posibilidad de ir a la universidad y por supuesto tiene más opciones de triunfar en su campo laborar. Leer le da conocimientos.

Sugerencias para estimular el hábito de leer:

- Si tiene hijos de diferentes edades, léales por separado. No tienen los mismos intereses (lo que es divertido para unos es aburrido para los otros.)
- Use flexiones en la voz (susto, alegría, pena.)
- Imite voces de acuerdo a los personajes (niño, adulto, anciano.)
- Imite sonidos característicos (animales, objetos.). Los niños pueden repetirlos.
- Use gestos (taparse la boca por la sorpresa, caminar imitando al personaje.)
- Los gestos, tonos de voz y movimientos corporales estimulan el interés, la curiosidad y los sentimientos.

Otras actividades:

- Cambiar los personajes de una historia conocida. Por ejemplo, La cenicienta, puede ser interpretada con nombres de amigos, compañeros, animales, etc.
- Cambiar el final.
- Contar una historia a partir de una ilustración. Puede ser de revistas, libros o periódicos.
- Ilustrar un cuento.
- Interpretar un cuento. Usar algunos elementos de disfraz y actuar como el personaje, como si fuera una dramatización.
- Conocer otros medios de narración además de un libro (periódicos, revistas, cine, obras de teatro, Internet, radio, TV).

Visite la biblioteca de su comunidad y enseñe a su hijo a solicitar libros. Las visitas a las bibliotecas y librerías son oportunas, muchos de estos lugares poseen material en español. Tienen libros, películas, videos, música, revistas, periódicos y uso de computadores en forma gratuita. Cómprele un cuento de vez en cuando elegido por él.

Estas actividades se aplican para el desarrollo del conocimiento tanto del español como del inglés.

CAPÍTULO 2

EL INGLÉS COMO SEGUNDO IDIOMA

Bilingüismo

Concepto

Se refiere a la habilidad de una persona para expresarse en dos idiomas distintos en forma oral y escrita. Se habla aquí de un bilingüismo balanceado en que la persona posee la misma fluidez en los dos idiomas.

Algunas personas dominan mejor una lengua que la otra o pueden expresarse oralmente en las dos, pero escribir mejor una de ellas. Son formas de bilingüismo.

Los expertos en educación recomiendan el aprendizaje simultáneo (enseñar los dos idiomas a la vez) y a temprana edad. Es una doble responsabilidad para los padres, pero así facilita el desarrollo de las habilidades lingüísticas del niño.

En la comunidad hispana que vive en los Estados Unidos existe una errada interpretación del bilingüismo y creemos que es preciso abordarla.

Los bilingües de todo el mundo a veces mezclan los dos idiomas. Es una práctica normal en niños y adultos que recién están aprendiendo un segundo idioma y tiende a desaparecer a medida que se adquiere un mejor dominio de cada uno. Ejemplo: "Dáme más juice" (dáme más jugo). Los lingüistas lo llaman "cambio de código".

En los Estados Unidos, la mezcla del español y del inglés ha generado una tercera forma permanente de comunicación llamada *spanglish*. En el *spanglish*, además de la mezcla de los dos idiomas se agregan nuevas palabras derivadas del inglés que no obedecen a ninguna regla gramatical, no pertenecen a ningún idioma, y es de difícil comprensión si el interlocutor no domina el inglés y el español. Algunos ejemplos son:

Inglés	Spanglish	Español
Truck	Troca	Camión
Furniture	Furnitura	Muebles
Park	Parkear	Estacionar
Push	Puchar	Empujar

Esta mezcla debe evitarse. Cada grupo puede esforzarse en hablar correctamente su idioma.

Como padres, abocados a enseñar un buen español y un buen inglés a sus hijos, evite el uso del *spanglish*. Hágales saber que es mejor expresarse en un idioma a la vez. Existen algunos especialistas en idiomas y un gran sector de la comunidad hispana que acepta el uso del *spanglish* como una nueva manera de comunicarse argumentando que es una evolución del idioma español y que cada persona tiene derecho a expresarse como quiera.

Son ustedes los padres quienes deciden como educar a sus hijos. Pero si elige el español estándar, le recomiendo que busquen cuáles son los términos más genuinos y correctos para usar un buen español. Pueden ayudarse de algo tan simple como leer un libro, ver un programa de noticias, leer una revista o un periódico para tener más ideas del buen uso del idioma formal.

Otra forma de bilingüismo se presenta en las familias hispanas de segunda y tercera generación en las cuales los padres son bilingües y los hijos hablan inglés pero desean aprender el español. En este caso, el español se considera como una segunda lengua y se recomienda a los padres el mismo sistema de aprendizaje y actividades sugeridas a través de este libro, especialmente hablar el español en casa.

Ventajas de ser bilingüe

Mayor oportunidad para estudiar y trabajar

Ser bilingüe permite mayor oportunidad para estudiar y elevar el nivel educativo en beneficio propio y de la sociedad.

Sus hijos pueden acceder a numerosas actividades por el hecho de saber inglés.

- Terminar exitosamente la educación secundaria.
- Obtener becas de estudio.
- Obtener una carrera universitaria.
- Asistir a cursos de capacitación impartidos en inglés.
- Asistir a foros o actividades culturales.
- Participar en la política del país a favor de los hispanos.

Estas y muchas más son las opciones que nos regala el bilingüismo.

Ser bilingües también ayuda a competir en el campo laboral donde cada día se requiere de personas que hablen, lean, escriban y entiendan dos idiomas. Es más fácil dar un buen servicio a través de una buena comunicación bilingüe.

Cuanto más alto es el nivel educativo y el dominio de los idiomas, mayores son las posibilidades de:

- Encontrar un trabajo mejor. Saber dos idiomas amplía las posibilidades de encontrar trabajo donde el requisito para obtenerlo es ser bilingüe. Por ejemplo, en el campo de educación, de salud, servicio social, ventas, promoción, entre otros.

- Obtener ascensos en su trabajo. Por ejemplo puede optar a un trabajo de carácter administrativo o dirigir a un grupo de obreros sirviendo así de enlace entre jefes y empleados.
- Elevar el estándar de vida. Si obtiene un mejor trabajo y gana más puede tener mejor vivienda o modos de vida, seguir estudiando, etc.

Las áreas donde más solicitan a los profesionales bilingües son: salud, educación, tecnología, ventas, servicios sociales, servicios financieros, cuidado infantil, comercio exterior, servicio al cliente, mercadotecnia, empresarios, periodistas, cantantes, actores, locutores, etc.

Explique a sus hijos que la aceptación de los latinos en los Estados Unidos ha ido evolucionando positivamente y cada vez son más solicitados en las áreas de trabajo mencionadas.

Conocimiento y comprensión de miembros de otras culturas

Saber inglés como segundo idioma nos permite interactuar con otros grupos étnicos que no sean hispanos. Nos da la flexibilidad necesaria para conocer, entender, valorar y respetar sus diferencias.

Nos interesa referirnos a la cultura dominante de este país y cómo, responsablemente, tenemos que adaptarnos a su estructura social, política y educativa entre otras.

Como hispanos viviendo en los Estados Unidos no sólo adquieren el idioma inglés, sino que también modos de vida de sus habitantes y qué les benefician.

He aquí algunas características relevantes que nos ofrece la sociedad estadounidense:

- Coexistencia de diferentes credos y religiones.
- Coexistencia de diferentes étnicas.

- Gran nivel de profesionalismo en el trabajo. Se exige un nivel de superación constante. El trabajo se hace de la mejor manera posible.
- Gran sentido de la puntualidad. Indispensable para un buen funcionamiento de toda actividad del ser humano.
- Reconocimiento a los que se destacan.
- Respeto a la justicia y la legalidad.
- Incentiva los estudios superiores.
- Desarrolla el sentimiento de amistad y solidaridad.
- Incentiva el desarrollo de las artes.
- Incentiva la investigación científica y la búsqueda de soluciones para enfermedades como el cáncer y el sida.
- Promueve el comercio internacional.

Conversen con sus hijos acerca de estas características y adóptenlas como puente de acercamiento entre las dos culturas y enriquecimiento de la propia.

Transmita a su hijo que es necesario lograr su propio conocimiento y aceptación de su personalidad y que es necesario conocer su propio idioma, el español y su cultura.

Una vez asimiladas estas características propias, el estudio del inglés facilitará la asimilación de la cultura estadounidense, pero sin perder la propia.

Por ejemplo; un estudiante hispano aprenderá el significado de recitar cada día en inglés el himno a la bandera de los Estados Unidos, con la mano sobre el pecho, de pie y en actitud respetuosa. Podrá comprender y disfrutar la celebración del 4 de Julio sin dejar de celebrar la independencia de su país de origen.

A veces el interés de asimilar la nueva cultura lleva al niño a olvidar su propia identidad y sucede que tiende a ocultar alguna característica que lo identifica con lo hispano, por ejemplo, se hace llamar John en vez de Juan o Elizabeth si su nombre es Isabel. (Definitivamente no sería lo mismo si el famoso actor Antonio Banderas se hubiera cambiado el nombre al de Tony Flags).

Los padres deben encauzar constructivamente el desarrollo del sentido de identidad de sus hijos haciéndoles sentir orgullosos de su grupo, de su étnica, de su nombre y de su idioma.

Inquietudes de los padres acerca del bilingüismo

¿Quién enseña inglés o español en el hogar?

Padre y madre juegan un rol muy importante en el desarrollo del lenguaje del niño. Si la madre ocupa más horas con el niño que el padre, es probable que el lenguaje que ella usa tendrá un mayor impacto en la vida del niño que el usado por el padre. Sin embargo, esto no quiere decir que el niño no aprende nada del padre o aprenda menos. Puede usar menos horas que la madre, pero esta enseñanza tiene que ser productiva y bien planeada. La calidad de enseñanza es lo que vale, no tanto el tiempo que se ocupa para ello.

El padre puede leer historias o cuentos, jugar algún juego educativo, conversar sobre algo de interés del niño o compartir una actividad creativa o deportiva. Si los niños están en edad escolar puede ayudarles a hacer las tareas o algún trabajo de investigación.

A veces el hecho de palmotear mientras su pequeño baila ya significa una muestra de interés o asistir a un partido de fútbol de su hijo mayor.

Estas actividades las puede realizar el padre en español y también en inglés. Recuerde que ustedes están tratando de criar un hijo bilingüe-bicultural y es tarea y esfuerzo de padre y madre para lograrlo. El esfuerzo debe ser compartido.

¿A qué desventajas se pueden enfrentar los niños bilingües?

Ser bilingüe no implica ninguna desventaja. Se puede hablar de problemas que comúnmente enfrentan los niños bilingües en el proceso de aprendizaje, pero no desventaja.

Los niños bilingües no siempre adquieren las habilidades lingüísticas para hablar un segundo idioma en la medida que ellos desean. Esto no quiere decir que están en desventaja intelectual en relación a sus compañeros de habla inglesa, sino que el proceso de aprendizaje ha sido más difícil debido a diferentes factores, como se mencionan a continuación:

• **Edad:** Niños que empiezan a aprender inglés en la escuela media o secundaria, no han adquirido la base del idioma como lo haría un menor que aprende de a poco desde el principio.

En este caso se recomienda que los hijos mayores vean programas de televisión que enseñen inglés básico, que aunque estén dirigidos a niños menores, son una excelente fuente para aprender vocabulario y pronunciación (Ejemplo: Plaza Sésamo). También puede pedir en la biblioteca pública, algunos audiolibros de acuerdo a su edad o ver alguna telenovela o programa juvenil. Consulte en su comunidad qué otras opciones de programas existen para adolescentes que complementen la enseñanza de la escuela. Debe intensificar el apoyo en el hogar controlando sus tareas y dándole el material necesario para que las realice. También debe exponerlo al inglés oral básico. Estudiar con sus compañeros de nivel más avanzado es una excelente manera de practicar lo aprendido.

• **Medio ambiente:** Presión familiar y presión escolar hacen difícil el aprendizaje de un idioma que desconocen y deben usarlo en su entorno social. Los padres deben tener paciencia y darle a su hijo un ambiente de apoyo y compresión. También si su hijo es nervioso y tiende a estresarse por naturaleza, es preferible que hable con el maestro o el consejero de la escuela para que le recomiende actitudes de apoyo. Un buen maestro podrá tener en cuenta esta condición y puede disminuir la cantidad de trabajo asignado o pedir un maestro auxiliar o un compañero que le ayude con las tareas.

• **Pobre escolaridad en el idioma nativo:** Debido a razones políticas, económicas o sociales un gran número de estudiantes han sido privados de la educación básica en su país de origen. Es importante que aquí se esfuerce en el aprendizaje del español no sólo para comunicarse en el grupo familiar, sino que también le sirve de base para el aprendizaje del inglés. La escuela le hará algunos exámenes en español para ubicarlo en el nivel correspondiente y es posible que tenga que asistir a algunas clases con niños menores de su edad. Hágale saber a su hijo que esta situación no es permanente y que irá avanzando hacia otros niveles superiores en la medida que él ponga su mayor esfuerzo en aprender. La práctica de lectura y escritura en el hogar es lo ideal para reforzar el aprendizaje.

Identidad cultural

Los niños bilingües sufren el choque de una nueva cultura. El mantener un sentido de identidad étnica entre una sutil o abierta discriminación puede ser estresante y agotador.

A medida que crece el niño adquiere diferentes habilidades y capacidades para aprender un idioma. El medio ambiente es determinante y está expuesto a mayor actividad escolar.

A esto se suma el estrés de haber dejado un país, una familia, amigos, un lugar favorito, sus costumbres. El proceso de adaptación a una nueva cultura puede ser más difícil para unos que para otros.

Si presenta signos como: dolor de cabeza, falta o exceso de apetito, alteraciones del sueño ya sea como sueño excesivo o insomnio, problemas digestivos frecuentes, irritabilidad, falta de concentración e incapacidad para realizar una tarea, será conveniente consultar con un especialista medico o psicólogo para que lo evalúen. Mientras tanto aconseje a su hijo no sentir vergüenza por ser hispano y no saber inglés. Debe tratar de tener una actitud positiva si se diera el caso de que se burlen por un error cometido.

¿A qué edad le empiezo a enseñar inglés?

Desde el momento en que su niño empieza a decir sus primeras palabras está en condiciones de aprender otro idioma. Cuando más temprano empiece a conocer el inglés más beneficioso será para su hijo. A esta edad tienen habilidades generales para captar sonidos diferentes, están recién moldeando los músculos de la boca y garganta que se adaptan a los sonidos del lenguaje. Esto no quiere decir que si usted tiene hijos mayores no puedan aprender fácilmente el inglés. Sólo queremos recomendarle que si tiene un hijo pequeño, empiece a enseñarle este idioma en casa y no espere a que este ingrese a la escuela. Cuanto más temprano empiece a conocer el inglés, más beneficioso será para su hijo. Lo mismo ocurre con el español.

Los niños bilingües tienen mayor habilidad de razonamiento y capacidad de comunicación. Los conocimientos aprendidos en español pueden ser transferidos al aprendizaje del inglés. (Estructura, gramática, vocabulario). Si los idiomas son aprendidos a temprana edad los niños tienen mejor pronunciación nativa.

¿Cómo afecta el bilingüismo a niños y niñas?

La mayoría de las investigaciones concuerdan en que no hay diferencia de aprendizaje entre niños y niñas y esta teoría se aplica al aprendizaje de cualquier idioma.

La madurez en el desarrollo de estas habilidades lingüísticas explica que algunos se desarrollen más rápido que otros. Niños y niñas aprenden a su propio ritmo. De todas maneras, el aprendizaje de otro idioma no depende del sexo, sino del interés y la motivación que tenga el estudiante.

A veces influyen otros factores como timidez o problemas de dicción que hacen que un niño retrase su aprendizaje o sea reacio a leer oralmente.

Lo ideal es que niños y niñas estén expuestos al mismo ambiente de aprendizaje y no se estereotipe a las niñas como "niñas de la casa" con menos posibilidades de interactuar en el ambiente externo para practicar el inglés.

El adolescente, como varón, suele socializar más en la comunidad o clubes y está más expuesto al idioma inglés. Queremos dejar claro que esta diferencia sólo se refiere a posibilidades y no a capacidades de aprender.

La realidad es que las exigencias escolares son iguales para niños y niñas de una misma edad y se sugiere a los padres que ejerzan un mayor reforzamiento del idioma con el niño que más lo necesite.

Actividades sugeridas para aprender inglés

Estas actividades, además de proporcionarle un conocimiento lingüístico del idioma, lo expone a una interacción social, fundamental para un aprendizaje más rápido y más fácil.

Cada actividad dependerá de la edad del niño, su capacidad de aprendizaje y el estímulo de los padres.

- Leer cuentos en inglés con casetes. Así el niño aprende la pronunciación correcta, repitiendo lo que escucha.
- Aprender canciones en inglés a través de casetes o a través de los padres quienes deberán aprenderlas con anticipación.
- En las bibliotecas públicas y algunas librerías ofrecen un servicio gratuito de leer cuentos a los niños. Pregunte por el día y las horas en que se realiza esta lectura y haga los arreglos necesarios para que su hijo asista.
- Enriquecer el vocabulario del niño con conceptos simples como: memorizar números de 1 al 20, colores, letras, animales, frutas, comidas, vestuario.

De los quatro a cinco años, lo ideal es que asista a un jardín infantil bilingüe al cual su niño llegará con las bases necesarias para seguir aprendiendo el idioma e interactuar con sus padres.

Si usted premia a su hijo cuando hable algo en inglés hará maravillas en su actitud de aprender.

Los mayorcitos tendrán más oportunidades de interactuar en la escuela con niños de habla inglesa y, ustedes como padres, pueden reforzar los conocimientos.

El maestro puede darles una lista de libros apropiados a su edad y nivel de aprendizaje.

En el capítulo Educación Primaria encontrará más sugerencias de actividades para el aprendizaje de inglés y español.

CAPÍTULO 3

EDUCACIÓN BILINGÜE

Definición

Educación bilingüe es un término que se refiere a los distintos programas y servicios de enseñanza especial para estudiantes con capacidad limitada de inglés. Su objetivo principal es que los estudiantes hablen, escriban y lean un inglés con fluidez sin perder el conocimiento del idioma español.

En un presente en que todo cambia en forma acelerada, las leyes educativas también cambian, lo que obliga a los padres a obtener información constante sobre los programas de educación bilingüe que estén vigentes en su área.

Debido a la variada naturaleza de los estudiantes, (idioma, educación previa y exposición al inglés), existen diferentes programas que tienden a satisfacer sus necesidades educativas.

La escuela debe tener programas, políticas y recursos que le permitan razonablemente implementar con efectividad la teoría educativa escogida. Si un programa no resulta exitoso deberá implementar un plan de instrucción alternativo.

Legislación–Evolución

Las decisiones acerca de proveer o no servicios especiales a los estudiantes con capacidad limitada de inglés están consignadas en las leyes federales (a nivel nacional), estatales (a nivel de estado), locales (a nivel de distrito), en pronunciamientos judiciales y regulaciones.

La Educación Bilingüe presenta una larga trayectoria de altos y bajos.

Desde la década de los 20 a la de los 60, no hubo leyes de educación bilingüe, pero existía la política de "o nadas o te hundes", obligando a los extranjeros a adaptarse como mejor pudieran.

En la década de los 60, junto con otras leyes civiles, se promulga la ley "Bilingual Education Act" o "Ley de Educación Bilingüe", correspondiente al Título VI de la Ley de Derechos Civiles de 1964, que asegura "igualdad de oportunidades educativas para los estudiantes, exigiendo que no haya discriminación sobre la base de raza, color u origen nacional en el manejo de algún programa asistido federalmente".

En 1968 nace "The Elementary and Secundary Education Act", la Ley de "Educación Primaria y Secundaria" o Título VII, y que provee fondos especiales para programas bilingües. Estableció la política nacional de que los niños que no hablan inglés necesitan ayuda para aprenderlo. Ha sido la más importante de todas y duró más de treinta años.

En 1974 nace otra ley que favorece a los hispanos. El Congreso promulga la Ley "Equal Education Opportunity Act", Ley de "Igual Oportunidad de Educación", que da igualdad de oportunidades en la educación a niños de diferentes idiomas.

En 1982, La Corte Suprema decide que las escuelas no pueden excluir a los niños inmigrantes porque no tienen documentos.

El 1994, surge una rectificación a la ley vigente, la "Propuesta 187" en California, que prohíbe a los inmigrantes indocumentados a asistir a escuelas públicas, pero afortunadamente la Corte Federal designó este mandato como inconstitucional.

En 1998, la "Propuesta 227" de California, otra rectificación, establece que todos los niños de idiomas minoritarios deberán quedar en clases donde solamente se hable inglés.

Lo mismo ocurre para el estado de Arizona en el año 2002. Esta ley se extiende a numerosos Estados.

En 2002, la Ley de Educación Bilingüe Título VII, se transforma en "English Language Adquisition Act", "Ley de Adquisición del Inglés" o Título III o "Inglés solamente", que elimina la educación bilingüe y promueve la enseñanza en inglés.

Posterior a esta ley surge una reforma escolar bajo el nombre "No Child Left Behind" o "Ningún niño se quedará atrás" que destina fondos federales para implementar programas para niños que deben aprender inglés como segundo idioma, especialmente inmigrantes.

En la actualidad no existe una ley de Educación Bilingüe a nivel nacional, sino programas bilingües diseñados en base a fondos estatales y número de estudiantes. Estos fondos son muy restringidos. Ante esta realidad, más que nunca los padres deben reforzar la enseñanza del inglés y español en casa y abogar para que educadores y legisladores efectúen nuevos cambios en beneficio de la educación bilingüe.

Tipos de programas bilingües

Los hijos de familias que no hablan inglés representan un rápido incremento en el porcentaje de estudiantes en los Estados Unidos. Esta realidad ha derivado una gran controversia para implantar programas de Educación Bilingüe.

El español es el idioma de la mayoría de los grupos minoritarios, pero no es el único idioma extranjero. Es así que para enseñar inglés a estos grupos se han creado diferentes programas. La elección del programa depende del número de estudiantes con el mismo idioma, el nivel de estudio del niño y los recursos económicos que tenga disponible el distrito escolar para implementar estos programas.

Como se puede advertir, cada escuela ofrece diferentes oportunidades. Muchas veces los padres quisieran elegir un tipo determinado de programa para su hijo, pero debido a estas circunstancias tiene que aceptar lo que el distrito donde vive tenga disponible. Por lo tanto, los padres deben ofrecer en el hogar el complemento de educación que su hijo necesita.

Existen dos grupos de programas educactivos que atienden a la población estudiantil que no habla inglés:

1. **Programas que enseñan solo inglés** (Estudiantes de diferentes idiomas, italiano, chino, persa, alemán, etc., incluyendo español.).

- Solo inglés: o Título III. Aparece bajo la más reciente legislación (2002) y enseña sólo en inglés.
- Inglés como segunda lengua (ESL): Los estudiantes reciben una instrucción especial de desarrollo en inglés, fuera de las clases principales. La clase varía desde un período hasta medio día de instrucción.

Los instructores son especialistas entrenados en el programa ESL y no enseñan en la lengua nativa del estudiante. Existen diferentes variaciones de programas ESL. A veces los maestros de ESL hacen un esfuerzo de aprender la cultura de sus alumnos para comprender mejor su comportamiento socio-cultural.

- Inmersión Estructurada: Los estudiantes reciben instrucción completa en inglés con poca o nada de ayuda en el idioma nativo. Un asistente puede estar presente y la ayuda no debe durar más de un año.

2. **Programas Bilingües que enseñan inglés español.**

Como el español es la lengua extranjera mayoritaria, estos programas son bilingües (español-inglés).

- Educación Bilingüe Transitoria: También conocida como Educación Bilingüe de Salida Temprana. El programa académico es enseñado en el lenguaje nativo del estudiante mientras aprende el inglés gradualmente hasta ingresar a los cursos regulares de solo inglés. Dura hasta un máximo de tres años. Es el programa más aceptado en la Eduación Bilingüe.

- Educación Bilingüe Desarrollada: Similar a la Transitoria, también conocida como Educación Bilingüe de Salida Tardía: Se basa en el desarrollo de la capacidad académica y la alfabetización en lengua nativa, antes de efectuar una transición completa a cursos enseñados por completo en inglés. El programa se extiende entre cinco y siete años hasta que los estudiantes sean fluentes en los dos idiomas.

- Educación Bilingüe Dual o de Dos Vías. Hispanos y Anglosajones: Los estudiantes que asisten son hispanos y anglosajones y las clases se dan en inglés y español hasta que los estudiantes sean fluentes en ambos idiomas. El aspecto más importante de este programa bilingüe es que los estudiantes sirven recíprocamente de maestros ayudantes de sus compañeros.

Impulsa el conocimiento de ambas culturas y usan horarios alternos de mañana y tarde o días alternas para la enseñanza bilingüe.

El programa puede ser implementado por un maestro que hable inglés y otro español o un maestro bilingüe que domine los dos idiomas.

Como la escuela no ofrece una enseñanza muy estructurada ni prolongada del español, son los padres quienes deben complementar en el hogar esta enseñanza para que sus hijos sean completamente bilingües.

Personal involucrado

Los programas bilingües son atendidos por maestros, ayudantes o auxiliares que cumplen con requisitos de capacitación bilingüe. Comparten esta responsabilidad el Director de la escuela, personal administrativo, personal auxiliar, equipo multidisciplinario (consejero, psicólogo, enfermera, asistente social), maestros de Educación Individualizada y en algunas ocasiones, padres voluntarios.

Si se consideran los tres tipos de Educación Bilingüe mencionados anteriormente el que más se acomoda a las exigencias y aspiraciones de los padres hispanos es el programa de Educación Bilingüe Transicional o Transitorio. Este programa permite la enseñanza del español y del inglés por un tiempo determinado (tres años), después del cual el niño ingresa al programa regular de inglés.

Fuentes de información

En varios puntos de este libro se les recomienda a los padres buscar ayuda e información en la escuela y la comunidad acerca de programas educativos bilingües disponibles.

Cada distrito, por supuesto, les ofrecerá distintos tipos de ayuda. Sería imposible enumerar en estas páginas todo lo que ustedes puedan encontrar a su disposición en cada Estado. Sólo se les da pautas generales y depende de la energía y el interés que ustedes tengan para descubrir esas fuentes de apoyo que están a su alrededor.

Para conocer los programas de educación bilingüe disponibles en su comunidad, usted puede visitar los siguientes centros:

- **Escuela local:** Pida una cita con el Director o el consejero de la escuela más cercana del lugar donde usted vive. Si éste no habla español hágase acompañar por una persona que le sirva de intérprete. Solicite información sobre requisitos para ingresar, programas bilingües, alimentación en la escuela, transporte, horarios, códigos de disciplina, participación de los padres y organizaciones comunitarias de orientación para hispanos.

- **Organizaciones comunitarias:** Es otro medio de obtener información sobre programas adicionales de estudio (niños y adultos). El objetivo de estos centros es proveer ayuda a familias de inmigrantes sobre asuntos de salud, educación, leyes, cultura y recreación.

  En algunos centros también ofrecen consejería bilingüe y asesoría para obtener permisos de trabajo, residencia, y cursos de alfabetización.

- **Oficina del distrito escolar:** Aquí puede obtener información de todos los servicios de educación que son ofrecidos en colaboración con otras agencias de la comunidad.

- **Iglesias:** Debido a su carácter religioso, social y comunitario, muchas iglesias disponen de variados programas de ayuda a sus feligreses, incluyendo cursos de inglés y español para niños y adultos, pueden ofrecer ayuda de intérpretes para realizar consultas o acompañarles a entrevistas.

- **Vecinos y amigos** que hayan pasado por esta experiencia anteriormente.

- **Ingrese a la Asociación de Padres y Maestros (P.T.A)** que toda escuela debe tener. Asista a las reuniones de esta asociación y consulte ahí los beneficios adicionales para su hijo.

A través de su participación podrá involucrarse en la educación de su hijo, ofrecer su ayuda a la comunidad escolar y dar su voto a la hora de tomar decisiones por leyes o reglamentos que lo favorezca.

Beneficios de la Educación Bilingüe

Desarrollo de habilidades lingüísticas

Se entiende por habilidades lingüísticas, aquellas que tiene cada individuo para comunicarse con los demás ya sea en forma oral o escrita.

Todas las destrezas adquiridas en el estudio del español, destrezas académicas, desarrollo literario, organización de conceptos y estrategias de aprendizaje, se transfieren al segundo idioma.

El dominio de la lectura en español es la clave para aprender inglés ya que se usan las mismas estrategias de aprendizaje. Por lo tanto, de la manera que el niño perciba, recuerde, comprenda y encuentre el sentido de las palabras, dependerá su interés en la expresión lingüística.

A través de su conversación con otros es que nuevas ideas van tomando forma, así el niño puede explorar en el pensamiento de otras personas y esta actividad le permite ir más allá de su experiencia personal. El niño usa su lenguaje exploratorio o sea, el lenguaje de preguntar, imaginar, y considerar otras ideas. Al enriquecer su habilidad lingüística, enriquece también su personalidad, se siente más seguro de integrar el mundo social y no tiene temor de actuar frente a otros.

Mejor adaptación a la comunidad

De hecho, el ingreso a la escuela nos hace pertenecer automáticamente a un mundo más amplio que el del hogar y estamos expuestos a desarrollar ciertas actividades en la comunidad que requieren del manejo del idioma inglés.

La educación bilingüe nos prepara para enfrentar esas actividades o situaciones con confianza en nosotros mismos. Aunque no se hable un inglés perfecto, el interés en comunicarse tiene un inmenso valor y ese interés nos lleva a buscar las técnicas adecuadas para que nuestra participación sea exitosa.

Ser bilingüe permite una mejor adaptación a la comunidad y se valora a través de una participación activa en diferentes ámbitos, como:

- La escuela.
- Centros culturales y deportivos.
- Organizaciones comunales.
- Actividades cívicas y sociales.
- Iglesia y otros.

Destacamos la importancia de esta participación porque así estarán más preparados para enfrentar situaciones similares cuando sean adultos.

Mejor manejo de interacción multicultural

El término multicultural está relacionado con el concepto de "diversidad".

Los Estados Unidos, como mencionamos anteriormente, se caracteriza por su diversidad de grupos étnicos como ser europeos, asiáticos, latinoamericanos, árabes, afro-americanos y otros.

Todos poseen una cultura característica a su grupo y es maravillosa la idea de tener la posibilidad de aprender sobre su propio grupo y sobre otros sin perder nada. ¿De qué manera nos podemos comunicar entre todos? Sólo con un idioma común y nos referimos al inglés. De ahí deriva la importancia de aprenderlo.

Ser bilingües nos permite desarrollar un alto nivel de sensibilidad y entendimiento hacia este gran grupo multicultural que habita en los Estados Unidos.

En la escuela, sus hijos participan en actividades comunes con niños de otras nacionalidades lo cual requiere de actitudes de compañerismo, tolerancia, comunicación y respeto. Comparten intereses y aprenden unos de otros gracias al inglés. Estas mismas actitudes se verán reflejadas más adelante en sus vidas cuando tengan que trabajar con personas de diferentes grupos.

Los padres pueden aprovechar del ambiente de la escuela para proponer y organizar actividades multiculturales donde cada grupo sea representado con la dignidad y el respeto que se merecen.

También pueden fomentar en sus hijos el deseo de tener amigos de otros grupos no hispanos e intercambiar experiencias ya sea a través de postales, cartas, fotos, por amigos dentro o fuera de los Estados Unidos.

Como actividad familiar pueden asistir a presentaciones culturales o celebraciones de otros grupos (italianos, chinos, mexicanos, etc.). Posteriormente los niños pueden comentar o ilustrar sus impresiones.

La gastronomía y el recorrido por distintos barrios étnicos es un entretenido medio de conocer otras culturas.

¿Cómo reforzar la Educación Bilingüe en el hogar?

El objetivo es exponer al niño al aprendizaje de los dos idiomas.

El apoyo de los padres en este proceso es fundamental, por lo tanto, déle la misma importancia a tareas y actividades que su niño haga en español e inglés. Que el niño capte su entusiasmo y deseos de ayudar. La idea de "reforzar" implica practicar. Hacer y volver a hacer hasta dominar la habilidad o el concepto requerido.

- **Actividades individuales**: son actividades que el niño puede realizar por sí solo con el objetivo de practicar alguna habilidad adquirida. Leer un cuento, escribir una carta a un amigo o pariente, ver un video o programa televisivo educativo, hacer un dibujo, etc. Cualquier de estas actividades pueden ser comentadas con los padres u otros familiares para estimular al niño a expresarse oralmente ya sea en inglés o español.
- **Actividades comunitarias**: asistir a fiestas de cumpleaños, paseos, campos de verano, actividades escolares después de horario, clubes o prácticas deportivas con amigos que hablen inglés es una excelente oportunidad de practicar este idioma a cualquier edad.

- **Actividades familiares:** las preferidas son visitas a lugares de interés y que permiten a los niños aprender nuevas experiencias. Deseo compartir con ustedes la experiencia que tuve recientemente cuando acompañé a mi amiga Eva y sus tres hijos: Alex (13), Cirina (8) y Ariana (7) en una visita al Museo de Arte de Chicago. Recorrimos diferentes secciones como: de pinturas, esculturas egipcias, de las armaduras, el salón de las miniaturas y el área de actividades para niños. Ahí Alex vió un video sobre el folclore de México (hombres amarrados a un poste que van girando desde lo alto hasta descender). Ariana combinó tarjetas con dibujos idénticos sobre una pared con un paisaje asiático y Cirina se entretuvo copiando letras del alfabeto chino. Todos nos entretuvimos y los niños vieron muchas cosas nuevas. Eva pertenece a una primera generación de mexicanos en los Estados Unidos, sus hijos son nacidos en este país y son bilingües por la labor que ha realizado la familia en el hogar.

Otros lugares que pueden visitar son: zoológicos, cuartel de policía (algunos tienen museos) cuartel de bomberos, parques, playas, correo. Converse con las personas que trabajan en esos lugares.

Visitas a familiares les ofrece la oportunidad de renovar recuerdos y características de los ausentes. Ver álbumes de fotos ayuda a identificar parientes, contar algo divertido y anécdotas que los caracteriza. Esta experiencia contribuye a la expresión oral y revivir su cultura.

Ejemplo de una actividad familiar

- Crear vínculos con la naturaleza: Realizar una excursión de encuentro al medio ambiente.

Los más pequeños: pueden disfrutar y más adelante dibujar las siguientes actividades:
  - Sentarse en el césped.

- Caminar con los pies descalzos.
- Sentir el viento sobre el rostro.
- Respirar profundamente el aroma de las flores.
- Tocar la rugosidad de la corteza de un árbol.
- Hundir las manos en el agua.

Los mayorcitos: pueden hacer otro tipo de actividades relacionadas con el paseo.

- Hacer una ficha de cómo cuidar el medio ambiente. Qué comer, reciclado de envases, uso de aerosoles, juegos más sanos, lugares más sanos, etc.

Los adolescentes: podrán hacer un trabajo de investigación acerca de ecología.

Cómo en el mundo se han destruido diferentes áreas verdes consideradas vitales para la humanidad, organizaciones que promueven el cuidado de la naturaleza y medio ambiente, legislación al respecto.

Además del conocimiento que adquieren, les sirve para practicar técnicas de investigación aprendidas en la escuela, (el uso de libros de referencia, entrevistas a otras personas, programas de Internet, esquemas, fichas, mapas, consultas en bibliotecas, escuela u otros lugares).

El hecho de hacer consultas acerca de direcciones; conversar con personas que trabajan en el área; leer letreros, descripciones o señales; ordenar algo de comer; y posteriormente hacer las investigaciones con material en inglés, servirá de refuerzo para el aprendizaje de ese idioma.

Esta actividad tan simple como excursiones, sirve de beneficio múltiple para toda la familia dependiendo de los intereses y la edad de sus hijos.

CAPÍTULO 4

EDUCACIÓN ESPECIAL

Definición

Comúnmente llamada Educación Individualizada es la rama de la educación que atiende a los niños con dificultades de aprendizaje. Para ello dispone de personal especializado que evalúa y diagnóstica al niño para determinar el programa adecuado a la dificultad. Educadores especializados desarrollan el programa sugerido. Desde el momento que el niño ingresa a la escuela tiene todos los derechos a los servicios de la educación especial, como se decretó bajo la ley PL 102-119 de 1991.

Fuera del hogar, los maestros son los primeros que detectan en el niño un problema de aprendizaje ya que ellos son las personas que más directamente observan la conducta y rendimiento del niño en relación a sus pares.

El maestro documenta sus observaciones y colecciona trabajos hechos por el niño. Una vez que tiene material suficiente y que sirve de base a su preocupación, envía una carta de referencia del caso al Coordinador del Departamento de Orientación de la escuela (consejero) quien coordina un sistema de evaluación y diagnóstico, con previa autorización de los padres. Todo este servicio no tiene costo para los padres.

Si la lengua nativa del niño es el español deberá ser atendido y evaluado por profesionales de habla hispana para darle al niño la oportunidad de expresarse mejor y en un ambiente de confianza y afecto.

Si el niño está en programa bilingüe, la instrucción y los exámenes de rendimiento anual se darán en español.

Problemas más comunes de aprendizaje

Normalmente cuando hablamos de un niño con este problema, nos referimos a un niño que, a pesar de tener una inteligencia media (o superior a la media.), y una capacidad auditiva y visual dentro de límites normales y no presentan graves problemas emotivos o habilidad física, encuentran, sin embargo cierta dificultad para realizar un trabajo cotidiano, sea en el hogar o en la escuela. Este niño, no es un niño "incapaz de aprender", "un deficiente mental" o "un niño lento", sino un niño con alguna dificultad de aprendizaje y esto muchas veces crea frustración. Estos niños pueden ser más activos de lo común, de hecho, la hiperactividad y la distracción son características frecuentes de ellos. Pero ésto, más que la causa, puede ser el resultado de su principal dificultad de aprendizaje.

Otros niños presentan sólo una falta de percepción confundiendo por ejemplo letras como "g" y "d", o palabras como "las" y "sal". Hasta los siete años es normal que los niños cometan errores. Es a partir de esa edad donde las dificultades se manifiestan más claras, cuando se ven enfrentados al aprendizaje académico o escolar.

Se ha observado que a veces los niños con dificultades de aprendizaje son faltos de coordinación en sus movimientos. Pueden tener problemas con la capacidad física requerida, por ejemplo, para cortar, escribir o abotonarse una camisa. Por eso se recomienda que desde muy pequeños estén expuestos a este tipo de actividades de coordinación física, como también, actividades para desarrollar la percepción, la memoria, el lenguaje, aritmética y habilidades sociales.

Si la falta de aprendizaje se debe a una disfunción neurológica, éste debe ser debidamente comprobado por un médico especialista quien diagnosticará el grado del problema y el tratamiento pertinente. Para mayor información consulte con su pediatra en el centro de salud de su comunidad. Deben conocer sus puntos débiles y fuertes no sólo en lo relativo a leer y escribir sino también a otras áreas como la percepción, la audición, la visión y la memoria. Al final de esta sección se da una lista de actividades sugeridas que pueden ser practicadas en niños desde la primera infancia hasta la adolescencia con la intención de prevenir estas dificultades menores.

Profesionales de la Educación Especial

La recolección de datos de la familia y del niño, y la posterior evaluación y diagnóstico es de responsabilidad de un equipo de profesionales que se especializan en diferentes áreas. Estos profesionales son:

Enfermera

Esta persona hará sus investigaciones en el hogar del niño y en la escuela. Los exámenes de vista y oído se harán en algún centro médico de la comunidad en forma gratuita.

Obtendrá los datos relacionados con el embarazo, el parto y primeros logros psicomotores del bebé, desarrollo del lenguaje y enfermedades del niño y la familia.

Asistente Social

Es la persona encargada de obtener antecedentes familiares en relación a trabajo, situación económica e interacción familiar. Aquí se registra el tiempo que los padres pasan con los hijos, relación con ellos (autoritaria, afectuosa, castigadora, sobre protectora, carente de normas, etc.) y la interacción del niño con otros familiares.

Psicólogo

Es el profesional asignado para dar diferentes exámenes o pruebas al niño, que servirán para medir su intelecto y su grado de madurez para el aprendizaje. El psicólogo debe examinar al niño en las condiciones ambientales más favorables para él y por supuesto en español, si el niño no domina el inglés. Los resultados de los exámenes se dan a conocer en la cita que se realice con los padres y demás miembros del equipo multidisciplinario.

Maestro de Educación Especial

Es la persona que debe llevar a cabo la enseñanza correspondiente al modelo de programa diseñado para cada estudiante. Cada programa tiene objetivos y materiales de enseñanza diferentes, dependiendo de la dificultad del menor.

Una vez reunidos los antecedentes del equipo de profesionales y obtenidos los resultados de la evaluación psicológica, se decide a qué programa le corresponde ingresar el niño con el objeto de ayudarlo en su proceso de aprendizaje y mejorar su rendimiento escolar.

Participación de los padres

Una vez hecha la evaluación profesional del caso y elegido el programa de educación especial que le corresponde al niño, se presenta el paso más importante de todo este proceso y es la "autorización" de los padres para incluir a sus hijos en esos determinados programas de Ecuación Especial o Individualizada.

Es muy desalentador cuando los padres no comprenden el beneficio que se les otorga a sus hijos y les niegan la oportunidad de aprender a su ritmo propio. Muchos padres creen que la Educación Especial es para tontos, retardados o locos. Quien piense así está muy equivocado. Retener a su hijo en el curso regular, donde le es difícil funcionar, es condenarlo a un retraso mayor y a una frustración que puede durar años. Sigan las sugerencias de ese equipo especializado que sólo quiere, igual que ustedes, la mejor educación para sus hijos.

Es importante que los padres comprendan que todo este proceso de evaluación y diagnóstico es un gran trabajo que hacen los especialistas para ayudar al niño y sería muy costoso hacerlo en forma particular. Esta ayuda efectuada a tiempo le significará un enorme beneficio a su hijo para toda la vida.

De acuerdo al grado de dificultad, los programas funcionan dentro de la escuela por cierto período o en otro centro educativo especializado. A los niños, además, se les da la oportunidad de interactuar con sus compañeros de las clases regulares, ya sea por algunos períodos o mediodía.

Actividades de prevención

Se entrega aquí una lista de actividades con la intención de prevenir problemas leves de aprendizaje y de preparar al niño para que tenga éxito en la escuela.

Además, el uso de estas actividades dan una excelente oportunidad de practicar el español y el inglés, ya sea al dar instrucciones, enseñar un cantito o leer un cuento. Confiamos en su creatividad.

Cada actividad debe realizarse al ritmo de aprendizaje del niño, de acuerdo a su edad y en un ambiente motivador.

Actividades Psicomotoras (Significado Psicológico del Movimiento del Cuerpo)

Se entrega aquí una lista de actividades para que los padres puedan realizar con niños en edad preescolar con la intención de prevenir problemas de conducta y aprendizaje y de preparar al niño para que tenga éxito en la escuela.

- Gatear
- Arrastrarse (Sobre el vientre, sobre de espalda.)
- Marchar
- Caminar sobre un listón (Para atrás, adelante y de lado.)
- Balancín (Ayuda a ubicarse en el centro.)

- Cama elástica (Parado, acostado, sentado.)
- Flexiones (Atrás y adelante.)
- Sobre un pie.
- Saltar
- Saltar el cordel
- Caminar como pato u otros animales
- Saltar como canguro u otros animales
- Caminar con pies y manos en el suelo
- Lanzar la pelota (Con las manos, con los pies.)
- Relajación (Soltarse como muñeco de trapo.)
- Gimnasia rítmica

La percepción del espacio se refiere al encuentro del niño con un objeto. Pequeño o grande es beneficioso igual. ¿Qué hace el niño con el objeto? Uno de los más apetecidos es jugar con cajas grandes ¿Qué hace? Esconderse, entrar a la caja, empujarla, arrastrarla, ser transportado, derrumbarla, construir puentes, golpear las paredes, patearlas o hablarles, etc. Vemos con este ejemplo cómo su pensamiento está ligado a su habilidad física, habilidad que se manifiesta más tarde en el proceso de la escritura.

Actividades de habilidad manual delicada
- Recortar papel con los dedos (o tijeras.)
- Plegado de papel siguiendo instrucciones.
- Hacer una trenza.
- Bordar figuras punteadas.
- Confeccionar objetos (Con figuras geométricas.)
- Hacer móviles.
- Estampados.
- Jugar a las bolitas o canicas.
- Modelar con plasticina o plastilina.
- Abrochar botones (Cinturones.)
- Atar y desatar nudos.
- Tejer (Bordar.)
- Tocar Instrumentos de percusión.
- Pintar (Dibujar, rellenar superficies.).

Programa de pre-escritura:
- Copiar trazos (Rectos, curvos o en combinación.)
- Escribir letras o números.
- Comprender derecha e izquierda.
- Diferenciar círculo de esfera.
- Escribir sobre línea (l o t.)
- Dibujo de figura human (Figuras incompletas, pedirles la parte que falta.)
- Ejercicios de orientación (Delante, atrás, arriba, abajo.)
- Copiar letras o figuras (Usar palitos de fósforos u otros objetos pequeños.)
- Hacer líneas diagonales (Como rayos de sol, lluvia, techos.)

Programa de prelectura:
- Imitar sonidos de animales.
- Soplar todo tipo de juguetes (globos, bolsas de papel, pompas de jabón, o mover objetos pequeños soplándolos.)
- Cantar rondas infantiles.
- Imitar voces (anciano, adulto, papá.)
- Sonidos de letras (Por ejemplo la letra "a".)
- Elegir dibujos que empiecen por esa letra "a" (Avión, Árbol, etc.)
- Dominar sonidos más difíciles (m, d, t, r, l, s, ch, k, g, j.)

Expresión Oral

La forma más simple y directa de desarrollar el lenguaje es facilitar las oportunidades para que hable.
- Juegos imaginativos (Jugar a los bomberos, enfermera, mamá, profesor, etc.) con sus amigos.

Los padres pueden proveer el material necesario como (joyas, disfraces, sombreros, ladrillos, bloques, maquillaje, etc.). El papel que el niño desempeñe lo obliga a hablar y elevar su nivel de lenguaje.

Experiencias de exploración: Es indispensable que al efectuarlas haga hablar al niño no sólo "mirar" o "hacer".
- Paseos por el barrio (mercado, tienda, fábrica, estación de tren, aeropuerto, zoológico, hospital, escuela, etc.). El niño hace pre-

guntas, o cuenta sus experiencias a los demás amigos o familiares. Puede hacerle repetir palabras relacionadas en el lugar que visiten, por ejemplo: maquinaria, aterrizaje, sala de emergencia, etc.

- Hacer galletas (ir de compra de los ingredientes, pesarlos, medirlos, mezclarlos, batirlos y hornearlos). Así podrá aprender sobre nombres de alimentos, medidas de peso, nombres de utensilios de cocina, tiempo de horneo, dinero gastado y cómo seguir instrucciones de la receta.
- Tener una mascota (gato, pájaro, u otro). Describir características. Los niños dialogan con sus mascotas o juguete favorito.
- Plantar una semilla: Describir su proceso de desarrollo. Una de las más fáciles de observar es una semilla de frijol (habichuela o legumbre).
- Mirar objetos en un microscopio. Describir lo que ven.
- Manipular objetos (carritos, manillas, televisor, teléfonos, etc.)

  A veces los padres limitan la actividad por temores infundados frente a la suciedad, el desorden, a falsos peligros y esta limitación no solo inhibe el desarrollo motor del niño, sino también su lenguaje, su creatividad y su curiosidad.
- Conversación—(con la familia o grupo de otros niños).
- Describir objetos.
- Hacer comentarios (por ejemplo; sobre la comida, la ropa, una construcción.)
- Narrar cuentos conocidos.
- Narrar cuentos imaginarios.

Entre la edad de seis a siete años los niños empiezan a diferenciar entre la realidad y la fantasía.

Al seleccionar los cuentos preocúpese de no transmitir prejuicios raciales (los indios o los orientales son malos, o los rubios son más bonitos). Evitar contenidos muy agresivos o desvalorizados de roles, tales como la madrastra o los hermanastros. Es importante que los personajes tengan gestos reales, que hagan travesuras, sientan rabia, y a la vez sean tiernos y cariñosos, así el niño se identifica con ellos y les toma afecto y admiración.

Los contenidos deben ser útiles para que se familiaricen con otras costumbres sociales, (pescadores, mineros, esquimales, niños de otros países.), y así aprenderán cómo hablan, se visten, comen, trabajan, etc.

Los niños disfrutan de cuentos de fantasía con animales que hablan, hadas, duendes, gigantes y también obras de suspenso y humor. El niño debe narrar experiencias propias especialmente frente a un grupo para esta actividad necesita mucho estímulo de los padres.

* Hacer pantomimas y personificaciones (Ej.: representar un árbol triste, caminar sobre arena caliente, el vuelo de un avión.)
* Hacer dramatizaciones. Los juegos dramáticos y la danza son los preferidos y aumentan la capacidad de expresión oral. (Ser cantante de TV., policía, etc.)
* Uso de títeres. Pueden ser hechos en casa con bolsas de papel, calcetines, figuras sobre un palo, pero todos con una personalidad.
* Canciones infantiles tradicionales. (Se puede grabar al niño y hacerlo escuchar después.)
* Poesías. Recitarles y escucharlas de sus mayores o hermanos. Memorizar algunas.
* Adivinanzas. (Estimula la atención, retención de ideas, y el proceso de escuchar.)
* Poner final a un cuento inconcluso.
* Inventar cuentos.

Existen errores típicos infantiles respecto a la narración. Por ejemplo:

* Omisión de alguna palabra.
* Repetición de una palabra: "y", "pero", "entonces".
* Hablar de corrido.

Pídale al niño que repita la frase sin estos errores teniendo en cuenta de no hacerle sentir mal por esa corrección.

Cuando el niño aprende a escribir palabras las actividades que los padres pueden desarrollar son interminables.

CAPÍTULO 5

EDUCACIÓN PRIMARIA

Aunque algunos niños ya han tenido la experiencia de programas preescolares, el hecho de ingresar a la educación primaria marca en ellos una nueva época de cambios.

Esta es la etapa en que el niño experimenta sus primeros rasgos de independencia al salir de casa para ir a la escuela. El niño sabe que no puede valerse completamente por sí mismo y necesita el apoyo y guía de los padres. Así puede enfrentar mejor la época de tantos cambios que le espera; de niño a adolescente, de vivir en un lugar y trasladarse a otro, de hablar un idioma y aprender otro.

Esta es la época de la alegría, del sentimentalismo y de la rebelión. Esta situación provoca ansiedad en los niños por lo tanto los padres deben tener especial cuidado con los cambios de humor de sus hijos. Es muy pesada la carga que se les pone sobre sus hombros a tan temprana edad y por eso necesitan de todo su cariño y comprensión.

También es la etapa en que se aprende el lenguaje en forma integrada y en secuencia. (1) Escuchar (2) Hablar (3) Leer y (4) Escribir. Con el uso de símbolos (letras) podemos comunicar nuestras ideas y comprender lo que otros nos comunican.

Cualquier actividad que envuelva este proceso es de gran beneficio para sus hijos. Esta responsabilidad es compartida con los maestros quienes siguen los programas estructurados para cada edad. Los padres sólo ayudan a reforzar y enriquecer los conocimientos que el niño adquiere en la escuela.

A continuación se da una lista de algunos de los intereses más característicos de los niños de 6 a 13 años, con el fin de ayudar a los padres a seleccionar actividades que aporten mayor beneficio en la enseñanza del inglés y el español.

Algunos intereses por edad (6 a 13 años)

(6) Le gusta jugar, bailar, correr y tiene interés en hacer tareas. La vida escolar es atractiva pero lleva juguetes a la escuela. Disfruta enseñando los trabajos que realiza.

(7) Es más razonable, pensativo y colaborador. Se nota un aumento considerable en su vocabulario. Contesta fácilmente preguntas sobre algo comprendido. Le gusta tener amigos especiales.

(8) Explora continuamente el entorno. Empieza a distinguir conceptos de cantidad, longitud, espacio, tiempo, etc. Le gusta los deportes y trabaja en grupos pero necesita felicitaciones por trabajos bien hechos.

(9) Es más independiente y organizado. Cumple con sus tareas escolares y le gusta leer textos y cuentos. Se interesa por coleccionar cosas, el cine y programas favoritos de TV.

(10) Está pasando de la infancia a la preadolescencia. Le encanta el deporte y siente ansiedad por exceso de tareas y deberes. Siente curiosidad por lo que le enseñan y su memoria está muy activa. Le gusta la geografía, el cálculo, la dramatización y el teatro. Gran sentido de justicia y nobleza.

(11) Inicia la preadolescencia. Es curioso, investigador, inquieto y bueno para comer. Trabajador, a veces malhumorado y agresivo. Es muy hiperactivo. Es crítico y está en la búsqueda de la propia identidad, cuestionando la autoridad en el hogar.

(12) Es más realista, equilibrado y más seguro de sí mismo. Ama la familia y ayuda en los quehaceres domésticos. Sigue su interés por el deporte. Demuestra interés y curiosidad por el estudio. Empieza a gustarle el sexo opuesto y se preocupa de su apariencia física.

(13) Incremento del pensamiento racional. Las niñas se vuelven románticas. Hay un mejor dominio de la vida emocional, interior. Precisa mucho del apoyo de padres y maestros. Empieza los cambios fisiológicos de la pubertad.

Actividades sugeridas para la enseñanza del español

De 6 a 7 años

Manejo del vocabulario:
Números.
Colores.
Partes del cuerpo.
Juguetes
Miembros de la familia.
Nombres de personas.
Profesiones.
Lugares.
Ropa. .
Alimentos.
Cuartos de la casa.
Objetos de la casa y la escuela.
Muebles.
Comidas.
Bebidas.

Identificación personal y familiar:
Nombre.
Dirección.
Teléfono.
Edad.
Sexo.
Nacionalidad.
Fecha de nacimiento.
Nombre del padre y lugar de trabajo.
Nombre de la madre y lugar de trabajo.

Relación de espacio y tiempo:
Localización de objetos (aquí, allá, encima, etc.)
Decir la hora.
Decir el tiempo (clima).
Estaciones del año.
Meses del año.
Fecha.
Puntos Cardinales (Norte, Sur, Este, Oeste).
Dirección (izquierda, derecha).
Expresión de ideas: (Uso de frases cortas.)
Saludos.
Seguimiento de órdenes.
Reconocer estados emocionales (tristeza, enojo, felicidad, sorpresa, admiración).
Expresar sus deseos.
Descripción de personajes de cuentos.

De 8 a 9 años

A esta edad el niño ya sabe leer y escribir párrafos más largos y es capaz de leer cuentos y textos escolares por sí solo.

Seguir instrucciones de orientación. (mapas, direcciones de cómo llegar a un lugar, buzón, parada de bus, tienda, banco, etc.). Sentido de distancia.
Seguir instrucciones de manipulación: (cómo hacer una flor de papel).
Medidas de peso.
Uso de tiempos verbales. (presente, pasado, futuro).
Aprender a recitar poemas y participar en pequeñas obras de teatro.
Realizar trabajos de investigación (ciencias—historia).

De 10 a 11 años

Cuenta o escribe historias acerca de una experiencia: vacaciones, paseos.
Describe sentimientos, lugares y situaciones.

Escribe sobre temas asignados. Ejemplo ¿ qué pasa si tuvieras que volver a tu país?.

Manejo de antónimos y sinónimos.

Partes de una oración. Reconocimiento de sujeto, verbo, complemento. Ejemplo:

El ave (sujeto) vuela (verbo) muy alto. (complemento).

Valores y preferencias: habla sobre la honradez, sinceridad, etc.

Personajes modelos o influyentes en su vida.

Proyectos científicos en grupo.

De 12 a 13 años

Domina la lectura y la escritura.

Hace informes de lecturas de cuentos y novelas.

Usa elementos de gramática y ortografía con mayor precisión.

Investiga temas como: problemas ambientales, educación, trabajo y carrera, asuntos morales y éticos, política, crimen, deportes, eventos sociales, eventos culturales, ciencia y salud.

Puede escribir en el periódico de la escuela.

Usa gráficos, fracciones, porcentajes y decimales.

Se le recuerda a los padres que se ayuden de los recursos adicionales mencionados en el último capítulo para facilitar la enseñanza del inglés y del español.

Sugerencias de actividades para aprender inglés

Muchos padres creen que deben dominar el idioma inglés para poder enseñarles a sus hijos ese segundo idioma. Esta teoría es un mito. Padres que no saben inglés, sí pueden introducir este idioma en el hogar.

A continuación se entrega una lista de sugerencias de acuerdo al nivel de conocimiento al inglés que tenga el niño, sin considerar la edad:

Nivel básico

- Aprender rimas sencillas en inglés y que el niño las repita.
- Darle oportunidad de jugar con niños que hablen inglés.
- Pedirle a una persona que hable inglés que le converse a su hijo por un tiempo (según la edad).
- Ver programas infantiles en inglés en la Televisión.
- A los tres años, envíelos a un jardín infantil bilingüe.
- A los cinco años inscríbalos en un Kindergarten bilingüe.
- Lectura de libros bilingües, si es posible con casetes.
- Adquiera videos en inglés con juegos y canciones. También existen diccionarios infantiles para iniciarlos en el conocimiento de palabras claves.
- Escriba tarjetas con nombres sencillos de las cosas más familiares al niño y péguelos delante de esos objetos.
- Otra actividad que puede realizar fácilmente, es la siguiente: En un trozo de cartón de color, aproximadamente de 80 cm. por lado, pegue figuras (recortes de revistas) de un televisor, silla, lámpara, mesa, alfombra, caja, etc. En un extremo del cartón ate la figura de un osito con un trozo de hilo grueso de 1 m. de largo aproximadamente. Esto le da movilidad para ubicarlo sobre las figuras pegadas, y así usted le enseña a construir diferentes frases.
  Por ejemplo:
  Teddy Bear is on the chair. (El oso está en la silla).
  Teddy Bear is on the rug. (El oso está en la alfombra).
  Paulatinamente reemplace la palabra "on" por "under" (debajo) y así sucesivamente. Puede reemplazar el dibujo del animal por el de un objeto o persona.

Nivel intermedio:

- Seguir construyendo el vocabulario a un promedio de 3.000 palabras.
- Escribir composiciones cortas sobre temas variados. Ej: cosas que le gustan, celebraciones, viajes, personajes queridos.

- Escribir descripciones de objetos y personas.
- Ver programas educativos de Televisión.
- Pretender que vende o compra algo por teléfono.
- Hacer paralelos. Por ejemplo: Entrevistar a una persona mayor sobre sus días de escuela. Escribir sus respuestas sobre el edificio, maestros, recreación, vestuario, castigos, premios, travesuras, etc., y compararlos con la escuela del niño haciendo un paralelo.
- Pretender situaciones: Enriquecer el vocabulario y estimular la imaginación.
- Ordenar un menú en un restaurante. (Platos de culturas diferentes) Llegar a un nuevo departamento. (Hacer un plano de cómo distribuir los muebles).
- Planear un viaje a su país. (Qué ropa llevar, que medio de transporte, horario de salida y llegada, precios, etc.).
- Buscar en diarios o revistas lista de cosas. Puede recortarlas y pegarlas haciendo un collage.
- Encuentra algo:
    Que sabe bueno
    Que puede hacer daño
    Que está de moda
    Que controla algo
    Que quieres comprar
    Que es pequeño
    Que está hecho de vidrio
- Hacer una lista de alimentos que usa la familia.
- Recortar y pegar ilustraciones de la sección propaganda del periódico.
- Ver los precios y calcular el costo de alimentación de una semana.

Nivel avanzado

Estimule a sus hijos para realizar estas actividades:

- Usar gráficos para informar el tiempo.

- Crear objetos basados en figuras geométricas.
- Resolver problemas matemáticos.
- Escribir memos o mensajes.
- Buscar en un periódico lo siguiente:
    El precio de un alimento
    La temperatura del día
    Un número superior a mil
    El dibujo de un animal
    Un título deportivo
    Una carta al editor
- Escuchar música de los Estados Unidos y aprender su letra.
- Leer y escuchar audiolibros de acuerdo a su edad.
- Leer, memorizar o escribir poemas.
- Escribir un cuento con elementos absurdos.
- Participar en obras de teatro en la escuela o en la comunidad.
- Competir en juegos de palabras o deletreos. Ej: palabras que se pueden crear de la palabra "teacher" (maestro), ear, her, teach, cheer, each, hear, arch, tea, eat.
- Aprender a llenar documentos (cheques, solicitudes y otros).
- Aprender a llenar formularios (correos, trabajo, médicos, etc.)
- Visitar museos u otros centros de recreación. Tomar nota de lo que ve.

Los padres también pueden hacer el esfuerzo de asistir a programas de aprendizaje del inglés para familiarizarse con los sonidos de esta segunda lengua y dominar un vocabulario básico que les permitan ayudar a sus hijos. Comparta con sus hijos lo que aprendió en su clase.

CAPÍTULO 6

EDUCACIÓN SECUNDARIA

Las familias hispanas que emigran a los Estados Unidos con hijos en edad de ingresar a la enseñanza secundaria, se enfrentan a un doble compromiso de ayudar a sus hijos.

Podemos decir que son dos las áreas de mayor conflicto para los adolescentes:

1. **Los cambios propios de la edad**:
   - Búsqueda de identidad.
   - Sentido de independencia.
   - Actitud crítica hacia la familia.
   - Composición de su grupo social (amigos).
   - Cambios físicos (especialmente las niñas).
   - Sentido de identidad sexual.
   - A pesar de estos signos de independencia el niño sigue necesitando del apoyo y cierto grado de control de los padres.

2. **Los cambios de idioma y de cultura**:
   Muchos niños se incorporan a la escuela secundaria a una edad en que el resto de la clase ya sabe leer y escribir en inglés y han

desarrollado sus aptitudes y destrezas intelectuales y sociales. Por lo tanto el adolescente hispano empieza en inferioridad de condiciones y esto conduce de manera más o menos directa al fracaso escolar. Sus limitaciones en el idioma inglés retrasa de algún modo su rendimiento escolar, sin que esto signifique que no tiene la capacidad de aprender. Necesita tiempo para recuperar el aprendizaje de lo que es nuevo y diferente para él. No sólo el idioma es diferente, también lo son otros contenidos como el sistema métrico y la historia de los Estados Unidos.

El alumno, que hasta aquí no había presentado problemas en sus estudios, comienza a fallar afectando así su personalidad.

A este panorama se le puede agregar el porcentaje de niños hispanos que tienen diferente nivel de escuela previa, que han interrumpido su estudios por alguna razón o se han desempeñado pobremente en cursos anteriores. Esta diversidad de características dificulta la enseñanza de estudiantes secundarios, a pesar de que existen programas de Educación Bilingüe y otros que llenan ese vacío educativo.

Es imprescindible por lo tanto que los padres agoten todos los medios para que esta desorientación del adolescente no termine en el abandono de la escuela. Este es un problema serio. Según la Oficina de Censo 2002 un 43% de los estudiantes hispanos abandonan sus estudios en un determinado momento y no terminan su educación secundaria.

La actuación conjunta entre familia y escuela es primordial. Obtenga información y orientación acerca de programas que ayuden a su hijo (Programas escolares regulares y extracurriculares). No deje que baje su autoestima. Su hijo es capaz de salir adelante. Continúe apoyándolo para mejorar sus exámenes, que su estudio sea más productivo y llegue a ser un graduado del futuro.

Problemas más comunes

Rechazo al uso del inglés oral

Es común que los estudiantes adolescentes hispanos pierdan la confianza en sí mismos y se nieguen a realizar actividades de uso del inglés oral. La causa mayor es que carecen de los manejos más formales o académicos y toman una actitud negativa de no participar en las clases. Se intimidan, no pueden leer y optan por el mutismo.

Temen la burla de sus compañeros debido a una pronunciación incorrecta. Esta práctica, si no se corrige a tiempo, los puede llevar al fracaso escolar.

Es necesario que los padres, junto a los maestros de cada asignatura refuercen esta importante área de expresión oral. Ejemplos de algunas actividades:

- Interacción con personas que hablen inglés (Por lo menos una hora diaria.)
- Usar recursos auditivos: Videos, películas, ciertos programas de TV.
- Leer en voz alta cuentos en casetes (audiolibros). Los pueden obtener en bibliotecas públicas.
- Estudiar con amigos que hablen inglés satisfactoriamente.

Recuerden los padres que sus hijos, desde sus años de infancia e incluso en la adolescencia y juventud, necesitan del calor humano, del afecto y ternura de sus padres ante situaciones adversas.

Baja autoestima

El autoestima es la confianza que cada persona tiene de sí mismo. Es quererse y aceptarse a sí mismo tal cual es, con limitaciones, pero también con cualidades y virtudes.

El cultivo de esta aceptación es una de las principales tareas educativas que han de abordar los padres ya que, cuanto más alto y firme sea el sentimiento de la propia valía, mayor madurez psicológica, mental y afectiva logrará el adolescente.

Es frecuente encontrar estudiantes hispanos de la escuela secundaria que presentan un cuadro de baja autoestima o complejo de inferioridad. Por diversas razones, no logran ajustarse al medio que les rodea, ya sea en el hogar o en la escuela, provocando en ellos un gran sentimiento de frustración que a veces resulta en causal de deserción.

Estas razones comúnmente se identifican como: problemas en el hogar (padres separados, alcohólicos), discriminación, incompetencia lingüística, nostalgia, falta de afecto de los padres, situación económica, problemas de aprendizaje, otras. Esto puede llevar al serio problema de integración a pandillas o gangas. Estos grupos capturan a los jóvenes haciéndoles sentir aceptados y respetados. Para evitar este problema, converse con sus hijos de las consecuencias negativas de integrar estos grupos y principalmente demuestre que en su hogar son aceptados y queridos.

Si ayuda a sus hijos a enfrentar los acontecimientos adversos con positivismo, probablemente el bajón sea temporal y no se sentirán abandonados o faltos de cariño.

Mientras tanto, enseñe a sus hijos a valorar cada habilidad desarrollada, a proporcionarse la merecida alabanza; así lo capacitará para ver lo bueno que existe en ellos y ver más fácilmente lo bueno en los demás.

Deserción escolar

La escuela secundaria está abierta para todos, pero desafortunadamente, un alto porcentaje de estudiantes se retira antes de terminar el segundo año.

Causas más comunes de deserción:

- Baja autoestima.
- Escaso manejo del idioma inglés.
- Problema de adaptación a la nueva cultura.

- Problema de aprendizaje.
- Nivel de educación previa deficiente e incompleta.
- Dificultades financieras.
- Ingreso al campo laboral.
- Problemas de salud.
- Responsabilidades hogareñas.
- Maternidad o paternidad temprana.
- Problemas sociales (Drogadicción o incorporarse a una pandilla).

Los padres pueden prevenir esta situación explorando las causas que según ellos influyen en este abandono. Una vez descubiertas estas causas, proponga un remedio oportuno e inmediato dando a entender al estudiante que se comprende sus razones y que sus padres estarán de su lado para que comience de nuevo con interés e ilusión.

Cómo prevenir:

- Ayudarlo al cumplimiento de sus deberes escolares y trabajos de investigación.
- Conversar abiertamente sobre problemas de adolescencia. Compartir esta responsabilidad entre padre y madre.
- Dar orientación sexual a niños y niñas.
- Visitar con ellos centros juveniles de rehabilitación.

En estos centros puede conversar con el director, consejero o asistente para que les explique mejor las consecuencias reales que vive la juventud que no ha podido extraerse de los problemas más comunes de droga, alcoholismo e intentos de suicidio, entre otros. También puede obtener una entrevista con algún joven que haya experimentado el proceso de rehabilitación para comprender mejor el problema.

- Estimular su participación en clubes deportivos. (Ser parte de un equipo elevará su autoestima.).

- Estimular su participación en clubes escolares; música, teatro, idiomas, etc.
- Conversar acerca de sus planes para el futuro.

Si a pesar de su esfuerzo su hijo no termina la educación secundaria es conveniente que asista a algún curso de capacitación laboral con el objeto de:

- Obtener un trabajo que le permita vivir.
- Realizarse personalmente.
- Contribuir positivamente a la sociedad.

Puede pedir ayuda al consejero de la escuela, maestros, amigos, médico, psicólogo o cualquier otra persona que dé confianza a su hijo y ofrezca una alternativa válida para solucionar su problema.

Lo ideal sería que el estudiante no perdiera la perspectiva de su futuro y piense positivamente. Si en el presente, por alguna razón especial, no puede completar sus estudios, esto no debe impedir que en un futuro cercano, logre cumplir sus deseos. Por ejemplo: una niña de secundaria que se ve obligada a abandonar la escuela para tener un hijo, con mayor razón debe volver a estudiar para mejorar sus posibilidades de surgir y obtener lo mejor para ella y su pequeño.

Orientación vocacional

Su hijo se está acercando a una de las etapas más difíciles de su vida como es la elección de una carrera profesional.

Todo ser humano tiene características individuales, capacidades, habilidades e intereses que lo distinguen de los demás. La orientación vocacional está constituida por la interacción de las motivaciones, los deseos de realizarse, los rasgos de la personalidad, concepto de sí mismo, intereses profesionales y lo que se quiere "ser y hacer". También en esta dinámica se considera lo que un individuo es "capaz" de hacer.

Los alumnos de la escuela secundaria tienen que tomar decisiones importantes acerca de su futuro profesional y para ello cuentan con la ayuda técnica de maestros, orientadores y psicólogos quienes les ofrecen una variada selección de exámenes vocacionales para descubrir la actividad futura que más se acomode a sus aptitudes y destrezas.

La función de la orientación profesional es descubrir y desarrollar la vocación del estudiante, adaptándolo e integrándolo a la sociedad a través del desempeño de una actividad profesional.

Hay niños que desde temprana edad muestran una marcada inclinación hacia ciertas actividades y, a través del tiempo, van enriqueciendo estas preferencias hasta que más adelante las convierten en una profesión.

Por ejemplo: "Alvaro Jaramillo, un joven chileno que se crió en Canadá, desde pequeño le gustaba observar los pájaros. A medida que crecía, les tomada fotos, los dibujaba y escribía acerca de ellos. Cuando era adolescente se unió a grupos de adultos observadores de pájaros, aumentando e intercambiando sus investigaciones con ellos. Más tarde se graduó en la Universidad de Toronto en la carrera de Zoología en 1991 y obtuvo una maestría en Ecología y Evolución dos años más tarde. Ha publicado varios libros sobre ornitología, ha recibido varios premios por observaciones de aves desconocidas y, ocasionalmente, aprovechando sus conocimientos del español, dirige expediciones al sur de Chile con observadores interesados en aves marinas". Actualmente trabaja como biólogo en San José, California. Esta historia nos muestra que es importante preocuparnos de los intereses de los pequeños y reafirmar sus logros. Exalte una habilidad o destreza que tenga el niño y déle las herramientas necesarias para destacar en ella. Por ejemplo, si le gusta pintar, cómprele pinturas, lápices o enmarque sus cuadros.

Importancia del apoyo familiar en las decisiones del estudiante

Ya desde los quince años aproximadamente, el niño quiere conocerse mejor e investigar en sí mismo sus aptitudes. Es la edad de comenzar la maduración, de la adaptación interna y externa, de la búsqueda de su identidad.

Los hijos a los 17 -18 años ya tienen que definirse y decidir opciones, por lo tanto es indispensable el apoyo familiar.

Algunas sugerencias:

- Aceptar a los hijos como son, con sus habilidades y limitaciones.
- Ayudarles a descubrir sus destrezas, no se base solamente en lo que dicen los exámenes vocacionales o los consejeros de la escuela. Puede que tenga dificultad en matemáticas, sin embargo, con ayuda adicional pueden desempeñar trabajos que usen números.
- Ayudarles a tener un concepto realista de sí mismo.
- Evitar imponerles decisiones de los padres respecto a su vocación. Lo padres no tienen derecho a manipular, programar ni organizar la vida de sus hijos.
- Discutir los resultados de exámenes vocacionales para darles una opinión más realista.
- Analizar los requisitos de ingreso a universidades.
- Analizar campos de trabajo relacionados con la profesión que elija.
- Analizar el costo de la carrera y que investigue maneras de financiarla. No todos pueden conseguir becas pero si hay préstamos para los estudiantes de bajos recursos.
- Analizar otras alternativas de trabajo. De acuerdo a sus habilidades.
- Asistir a reuniones con el Consejero.
- Expresarles su apoyo y cariño todo el tiempo.

Los padres, como lo han hecho desde siempre, deben seguir dándole apoyo y orientación en sus decisiones.

Exámenes

A todos los estudiantes extranjeros que ingresan al sistema escolar de los Estados Unidos se les administran diferentes pruebas o exámenes para determinar su nivel de estudio y la eficiencia en el uso del idioma nativo e inglés.

Estos exámenes difieren en su objetivo y pueden ser a nivel nacional, de estado o de distrito. Los más importantes son:

- **Exámenes de ubicación:** Se administra cuando el estudiante ingresa por primera vez al sistema de educación de los Estados Unidos (grados Kindergarten–12). Son impartidos en la lengua dominante, en este caso el español.
  - Mide el nivel de lectura y escritura. Es necesario para decidir el nivel o grado de instrucción del estudiante.
  - Mide la eficiencia en el lenguaje nativo. Permite ubicar al estudiante en el Programa Bilingüe o ESL (estudiantes de inglés limitado).
- **Exámenes de rendimiento escolar:** Se administra a estudiantes de Kindergarten–12 grado. Pueden ser a nivel nacional o de estado.
  - Miden el progreso anual del estudiante de acuerdo al estándar fijado por el Ministerio de Educación del Estado (estandarizados). Da la información sobre las áreas de lectura, escritura, matemáticas, ciencias, ciencias sociales, desarrollo físico de salud y arte.

  Los estudiantes inscritos en el programa bilingüe y que no dominan el inglés son eximidos de tomar este examen.
- Exámenes de eficiencia del uso del inglés:
  - Mide el progreso anual del estudiante en lectura y escritura en el idioma inglés. Además, mide la eficacia del programa

bilingüe, importantísimo para establecer las reglas y financiamiento del programa existente y crear nuevos programas. Dentro del programa general de la escuela lo cual beneficia directamente a los jóvenes bilingües en su aprendizaje inglés.

Becas

Es toda ayuda financiera que puede recibir un estudiante para costear sus estudios post-secundarios.

Los padres siempre aspiran a que su hijo tenga una profesión que le de cierta estabilidad en el futuro y mejore su estándar de vida.

Podemos decir que es una realidad el que muchas familias no tengan los ingresos necesarios para financiar los estudios de sus hijos. En este caso tienen como alternativa el solicitar becas u otro tipo de ayuda que, por supuesto, están sujetas al cumplimiento de algunos requisitos.

Fuera del rendimiento escolar, algunos estados requieren que los estudiantes estén legalmente documentados, lo que deja fuera de este beneficio a miles de estudiantes hispanos.

Además, los fondos federales para esta área de la educación están restringidos.

Para suplir esta falta de ayuda se han creado otros recursos provenientes de fondos locales, instituciones u organizaciones privadas y, algunas veces, becas proporcionadas por las mismas universidades. Algunos estados como Texas, California y Utah tienen leyes a nivel de Estado que autorizan fondos especiales para indocumentados que ingresan al College o Universidad.

También no sólo existen becas por éxito académico, sino que también por destacarse en deportes, música, teatro o arte.

Nuevamente sugerimos a los padres de solicitar información en la escuela local, con el consejero, acerca del financiamiento de la educación de su hijo, o en otros centros asistenciales de educación. Existen páginas en Internet relacionadas con información acerca de becas para estudiantes. Le recomendamos consultar primero si esta información es gratuita, en algunos casos piden dinero y prometen becas atléticas pero no todos son servicios legales. Lo mejor es revisar la página Web de la Universidad o College directamente.

Converse con la familia acerca de estas situaciones para que su hijo haga conciencia de la responsabilidad personal que le compete y logre un mayor rendimiento en sus estudios. Las buenas calificaciones abren muchas puertas.

Sólo un 11% de los hispanos en los Estados Unidos ha logrado un título universitario. Estimule a su hijo para que haga todo lo posible por elevar esa cifra ya sea para su enriquecimiento personal, el de su comunidad hispana o para la sociedad en general.

Para mayor información les recomendamos leer el libro *Cómo ayudar a su hijo terminar la secundaria y acceder a la universidad* que forma parte de esta colección.

CAPÍTULO 7

BICULTURALISMO

Definición

Cultura es un sistema simbólico de valores, creencias y actitudes, el cual es aprendido y compartido; un sistema que forja e influye a su vez las percepciones y el comportamiento de los seres humanos que viven bajo ella.

La cultura se refiere al modo de vida que aprenden, comparten y transmiten de una generación a otra los miembros de una sociedad. Está hecha por el hombre, por lo que en términos generales, todo lo que el hombre hace es parte de la cultura.

Podemos decir que cada cultura tiene su propia identidad y se va desarrollando y enriqueciendo a través del tiempo. Se puede decir que los factores básicos de una cultura son: Geografía, historia, sociedad, idioma, folclore, sistema de valores, costumbres, arte, religión y étnica.

Los latinoamericanos son considerados como "sociedades en desarrollo" o "en vías del desarrollo", lo cual implica una tremenda responsabilidad para todos en el sentido de que se deben crear más espacios culturales y más espacios de producción. Es un trabajo en conjunto de desarrollo constante, de enriquecer la cultura propia de un pueblo (cultura local), y mantener su propia identidad.

En el actual proceso de globalización se puede decir que todos los países formamos parte de una cultura más amplia (cultura global), que permite la interrelación de diferentes culturas locales, especialmente en el campo económico. Lo importante es tener la capacidad de formar parte de este proceso mundial "sin perder" la identidad de cada cultura en particular.

Este proceso requiere de un gran espíritu de comprensión y tolerancia debido a la gran diversidad de políticas en desarrollo. Podemos aprenden unos de otros, podemos desarrollarnos juntos para beneficio local y de la humanidad. Esta inserción de cada cultura local al sistema global es lo que permite el multiculturalismo.

Evolución de la cultura hispana en los Estados Unidos

El concepto de "cultura hispana" en los Estados Unidos tiene raíces que se remontan al inicio de la exploración y colonización española del territorio que hoy forma parte de este país.

En el Suroeste ha habido una continua presencia de hispanos por más de tres siglos.

El mayor grupo lo conforman los descendientes de mexicanos o chicanos cuyos antepasados se vieron incorporados a los Estados Unidos, por medio del tratado de Guadalupe Hidalgo de 1848, que participaron en las grandes olas de inmigración mexicana iniciada poco después de la Revolución Mexicana de 1910. Después de la Segunda Guerra Mundial un gran número de puertorriqueños se ha concentrado en el Noreste, principalmente en el área Metropolitana de Nueva York. El tercer grupo lo forman los cubanos americanos en el Sur de Florida, que constituyen parte de la comunidad cubana en el exilio desde la década de 1960. Los dominicanos es otro grupo grande que habita en Nueva York; centroamericanos y sudamericanos que han dejado sus países en medio de guerras civiles en las últimas décadas forman parte de centros urbanos de varios estados del país.

Estas olas de inmigrantes siempre crearon tensiones que desembocaron en acciones políticas negativas en mayor o menor grado, dando como resultado la discriminación racial, cultural, educacional, y económica.

Aún se advierte un sentimiento antiinmigrante de cierta parte de la población y provocan conflictos y divisiones innecesarias. A pesar de este antagonismo, siguen llegando oleadas de inmigrantes latinoamericanos y cada día parece producirse un mayor reconocimiento o acercamiento entre las dos culturas. Aún quedan muchos asuntos por resolver pero también son muchos los avances y la aceptación de la cultura hispana en los Estados Unidos, gracias al empuje de los propios latinos y los educadores, legisladores y activistas que los apoyan.

Este alto porcentaje de hispanos ciertamente contribuye a la consolidación y expansión del español en los Estados Unidos creando una relevancia cada día más evidente.

Desafortunadamente existe una imagen negativa de un gran sector de los hispanos y se les estereotipa por las siguientes condiciones sociales:

- La ilegalidad o indocumentación.
- La pobreza.
- Discriminación en salarios y trabajos.
- Una educación incompleta.
- Viviendas de calidad inferior.

Los medios de comunicación, cine y televisión también ayudan a defender esta imagen negativa al presentar a los latinos en papeles de criminales, drogadictos, empleados domésticos y otras labores menores. De esta manera se ignora la diversidad cultural de la comunidad hispana.

Es difícil hacerle frente a los estereotipos y estigmatizaciones y criar niños latinos que se sientan orgullosos de su identidad. Lo importante es ver el lado positivo de permanecer a esta extraordinaria sociedad latina que progresa, que es gente dispuesta a comenzar de nuevo en otro país y son, por definición, arriesgados y muy trabajadores.

Es importante que los padres no rompan las tradiciones de generaciones anteriores y den a conocer a sus hijos la riqueza de la cultura que los caracteriza a nivel mundial y fomentar el orgullo de ser hispanos.

Sólo a través de una buena educación se podrá acelerar la aceptación de la cultura hispana en los Estados Unidos.

Influencia de la cultura hispana en los Estados Unidos

El visitante hispanohablante que llega a ciudades tales como: Los Ángeles, San Antonio, Miami, Chicago, Nueva York, u otras, sentirá la presencia constante del español: en la prensa, la televisión y la radio; en los anuncios que se leen en las calles; en las conversaciones que se oyen en lugares públicos y centros comerciales, autobuses, restaurantes y hoteles; en fin, en la vida cotidiana de muchas ciudades estadounidenses.

Esta presencia actual y el futuro de la lengua española en los Estados Unidos están influenciados por una combinación de factores que condicionan de alguna manera el interés del estadounidense por el quehacer español.

Factor demográfico

- Los grandes movimientos migratorios hacia los Estados Unidos hace que los hispanos sean la minoría étnica más numerosa en el presente y se estima que seguirá aumentando en el futuro.
- La alta tasa de nacimientos de hispanos genera en los Estados Unidos aumento de la población en general y por consecuencia el efecto cultural en la población norteamericana será mayor.

Factor económico

- Poder adquisitivo de los hispanos. Hoy se considera que los hispanos representan la minoría que más gasta en bienes y servicios en los Estados Unidos.
- Posibilidad de empleo que da ser bilingüe.

Factor político

La lengua pasa a ser un hecho políticamente relevante cuando un alto número de personas la hablan, tanto así, que influye en la cantidad de votantes.

- Aumento de representantes hispanos en elecciones anteriores.
- Captación de más votantes hispanos para las próximas elecciones. (En las últimas, ambos partidos mayoritarios gastaron más de 5 millones de dólares en anuncios en español).
- Efecto en formación de decisiones políticas y legales.
- Presencia del español en discursos y debates políticos, a través de los cuales, los líderes políticos intentan ganar votos.

Factor social

- Los hispanos desempeñan labores de importancia en círculos políticos, comunicacionales, salud, educativos, comerciales, industriales y artísticos.

Esto demuestra una renovada realidad y un esperanzador futuro, que contribuyen sobremanera a la consolidación y expansión del español en los Estados Unidos.

La proyección oficial para el año 2010, es que los hispanos seguirán siendo el grupo étnico minoritario más grande y sus avances en las áreas de política, educación, cultura y comercio serán mayores. El español seguirá siendo el idioma hablado en el seno familiar aunque se advierte un gran desplazamiento hacia el inglés, de parte de la segunda y tercera generación.

Esto convierte cada día a los hispanos en "hispanos bilingües" que cada vez son más requeridos en el campo profesional. El intercambio cultural y económico no sólo se observa en los Estados Unidos, sino que trasciende al campo internacional. Cada vez son más las conexiones comerciales de los Estados Unidos con países Latino-americanos y es necesario acudir a personas bilingües que viajen a esos países para explorar el campo de inversión o transar con compañías comerciales.

Recordemos que estamos empezando a vivir en la época de la globalización para el cual no existen fronteras ni barreras de idioma o de cultura.

El futuro de la cultura hispana está en manos de los hispanos. Han tenido un avance increíble pero aún queda mucho por hacer.

Sea cual sea la edad de su hijo, hágale saber, en el momento propicio, que él es una pieza importante de este gran engranaje que mueve la sociedad de los Estados Unidos. Hágale saber que él es responsable de la política, la ciencia, el comercio y la cultura en esta singular nación y, por consiguiente, en el mundo.

Cómo fomentar y enriquecer la cultura hispana

Uno de los factores de la cultura es que es "aprendida". Debe enseñarse, transmitirse de unos a otros. No se nace con la cultura, es algo adquirido. Para esto es necesario que todos los miembros del grupo familiar compartan el mismo patrón de comportamiento.

Se comparte la cultura desde la infancia cuando se está introduciendo al niño a la sociedad y son los padres los responsables de este proceso de socialización.

Hay que destacar que la cultura hispana es una de las más ricas y variadas del mundo. Algunas de sus características son de reconocimiento internacional, tales como: los más de cien trajes tradicionales de Guatemala, el tango argentino, el joropo venezolano, las corridas de toro de España y Perú, el Día de los Muertos de México, la Cultura Maya que abarca varios países, el Día de Reyes de Puerto Rico, y muchos otros ejemplos que, junto a la música y la gastronomía, son un deleite para la humanidad.

Es mucha su belleza para no ser transmitida con responsabilidad y cariño. El primer paso de esta tarea, es entregarla a sus hijos y desde pequeños.

Pueden recurrir a diferentes estrategias para fomentar en los niños sentimientos de orgullo y satisfacción de ser los herederos de esta maravillosa cultura.

La mejor manera de ayudarles a apreciar la belleza de su cultura es:

- Enseñarles lo más característicos de su cultura nativa.
- Señalarles la variedad de otras culturas hispanas (diferencias, semejanzas.)
- Comentar la vida de personas hispanas que han destacado en los Estados Unidos y sirven de modelo a sus hijos.
- Discutir el futuro de la población hispana en los Estados Unidos (idioma, educación, política, trabajo).
- Seleccionar nombres de revistas, diarios, programas de TV y obras literarias que se publiquen en español. Demostrar que los latinos sí saben leer.
- Transmitir su lenguaje nativo correctamente.
- Transmitir su escala o código de valores (lo que es correcto o incorrecto).
- Realizar actividades relacionadas con el folclore (música, bailes, instrumentos) en la escuela o actividades sociales.
- Transmitir sus tradiciones y creencias (festividades y celebraciones).
- Dar a conocer otras culturas para establecer semejanzas y diferencias.
- Mantener contacto con familiares del país de origen.
- Si es posible, visitar país de origen.
- Mantener en el hogar objetos que provengan de su país. (Decoraciones, vestuario).
- Cocinar platos típicos explicando nombres, procedimientos e ingredientes. Que sus hijos participen en el proceso.

- Destacar los avances de los hispanos en el campo comunicativo, artístico, político y económico y la aceptación de éstos por parte de los Estados Unidos. Pueden servir de modelo de conducta para sus hijos.
- Conocer obras artísticas y literarias de autores de su país.
- Conocer la historia y geografía del país de origen (bandera, himno nacional, etc.)
- Despertar el interés de sus hijos para dar a conocer su cultura a los demás (compañeros de escuela, amigos, centros culturales, etc.).
- Participar de actividades escolares donde tengan oportunidad de dar a conocer su cultura. Por ejemplo, las madres hispanas pueden celebrar el "Día del maestro" invitando a todo el personal de la escuela a un desayuno con platillos típicos y los niños podrían presentar algunos bailes folclóricos.

Estas son algunas sugerencias, pero confiamos en la creatividad de los padres en este proceso. Sus hijos, desde pequeños podrán disfrutar de este gran legado cultural, que con seguridad usted le ha entregado con paciencia y amor.

Presencia hispana en los medios de comunicación

Se dice que los medios de los Estados Unidos "hispanizan" sus estrategias de captación de audiencias, lo que constituye un fenómeno de extraordinaria relevancia no sólo de carácter lingüístico, sino también cultural.

Queremos dar a conocer algunos datos ilustrativos sobre la presencia hispana en los medios de comunicación, con el fin de estimular a padres y estudiantes a enriquecer sus conocimientos, tomando ventaja de la diversidad de estos medios. Además elevará el autoestima de sus hijos al notar cómo "lo hispano" es cada día más importante en los Estados Unidos.

A continuación se presentan varios ejemplos:

- La cadena de televisión, ABC lanza *The George Lopez Show* una comedia sobre una familia Mexicana-Cubana Americana.
- Fox TV lanza *Los Ortega*, una comedia sobre una familia Mexicana-Americana.
- La cadena de televisión, NBC adquirió los derechos del boxeo profesional argumentando que después del fútbol, el box es el deporte favorito de los hispanos. Además adquirió la cadena de televisión Telemundo.
- La Casa Blanca no se queda atrás, también tiene un sitio en Internet que incluye todos los discursos del Presidente traducidos al español.
- Nickelodeon, cadena de TV para niños decidió hacer bilingüe a *Dora La Exploradora*, programa infantil para niños.
- Revista People tiene su revista *People en español*.
- Un 70% de los hispanos en los Estados Unidos ve televisión en inglés y español lo que Hollywood tiene en cuenta para captar esa cultura latina e incrementar las audiencias.
- Procter Gamble, anunció la pasta de dientes Crest en español, durante la emisión de los premios Grammy.
- Pepsi y Nike han incorporado el español en sus campañas nacionales.
- Chrysler anuncia sus productos en la producción cinematográfica, *Chasing Papi*; una película sobre jóvenes hispanos.
- Los latinos, en su oleada migratoria, han traído su música provocando una maravillosa mezcla de melodías y ritmos que han sacudido la industria discográfica. Ej.: Los Grammy Latinos premian a artistas en 41 categorías que incluyen rock y pop, música regional mexicana, brasileña clásica, tropical, salsa, etc.
- La desaparecida Celia Cruz fue un ejemplo de trabajadora incansable que llevó la música latina a todos los rincones del mundo y la reacción a su muerte por parte de millones de latinos en los Estados Unidos, abrió los ojos a muchos en la industria de la música.

- Televisión Azteca anunció la formación de Azteca América para hispanos, junto con Pappes Telecasting, la mayor empresa privada de Televisión de los Estados Unidos, compitiendo así con Univisión (Los Angeles) y Telemundo (Miami).
- Tribune Co. tiene el popular diario *Hoy* en Chicago y Nueva York. En los próximos cuatro años tienen planeado abrir nuevas ediciones en español en más de seis ciudades.
- Bello Corporación, propietaria de *The Dallas Morning News* lanza *Al día* mientras que Knight Ridder amplía de dos a cinco la circulación de su periódico texano diurno *La Estrella.*
- En Orlando se lanza la edición puertorriqueña *El Nuevo Día.*
- Muchas editoriales reportan ventas de obras literarias de escritores hispanos famosos, para deleite de una audiencia que crece cada día.

La lista es contundente y seguirá creciendo para beneficio de la comunidad hispana.

Cabe decir que el estereotipo del hispano inculto está quedando atrás para dar paso a la idea de que el hispano se interesa por leer, por educarse a través de los medios y enriquecer sus conocimientos.

Beneficios del biculturalismo

Los niños forman parte de la cultura de sus padres de diversas maneras: a través de la comida, música, los valores, la familia, las memorias, el lenguaje y otras.

El hecho de vivir en los Estados Unidos también les hace formar parte de otra cultura, la de la época y la sociedad en que viven. Cuando se sienten conectados a estas dos culturas se dice que son biculturales. Esta conexión nos ofrece los siguientes beneficios:

- Eleva el autoestima.
- Promueve un respeto hacia la cultura de origen (Español).
- Facilita una integración en la cultura de acogida (Inglés).

- Disminuye la discriminación por la diferencia cultural.
- Iguala oportunidades educativas para niños de culturas diferentes.
- Aumenta el éxito académico.
- Aumenta destrezas y conocimientos acerca de la cultura dominante.
- Desarrolla un capital humano para el futuro laboral.
- Mejora las condiciones de vida.
- Mejora la comunicación con miembros de la nueva cultura.
- Mejora el nivel de competencia en la cultura dominante.
- Ayuda a valorar las diferencias entre las culturas.
- Ayuda a reconocer las similitudes entre culturas diferentes.
- Prepara al estudiante para que viva armoniosamente en una sociedad multicultural o multiétnica.
- Ayuda a eliminar los prejuicios raciales.
- Incentiva la formación de nuevos planes educativos multiculturales.
- Promueve la comprensión de la vida social en grupos.
- Ayuda al desarrollo de destrezas para vivir en la diversidad.
- Facilita la integración de la familia a la nueva cultura, a través del proceso educacional de los hijos.

Los padres pueden comentar con sus hijos estos beneficios y descubrir otros, pero tengan siempre presente algunos conceptos básicos: "diferenciar" no equivale a discriminar y "diversidad" no equivale a desigualdad.

Estimule a sus hijos no sólo a ser biculturales, sino que amplíen su educación hacia la construcción del respeto y reconocimiento de la realidad multicultural de la sociedad en que viven.

RECURSOS ADICIONALES

Gran parte de la educación es informal, o sea, sucede fuera de la escuela y se desarrolla principalmente en el hogar.

Los padres necesitan algunos recursos audiovisuales que sirven de apoyo en el proceso de aprendizaje de sus hijos y que estimulen el escuchar, ver y hablar, que son habilidades básicas para el uso del lenguaje oral y escrito. Deben usarse de acuerdo a la edad e interés del niño.

Recurra a estos materiales de acuerdo a sus posibilidades económicas y usando aquellos que su entorno o la comunidad le puedan proporcionar. Los de mayor beneficio educacional son:

Libros

Pueden ser poemas, cuentos, relatos, novelas, etc.

En las bibliotecas y librerías pueden orientarles sobre libros adecuados a la edad del niño. Por el momento le sugerimos preguntar a su maestro qué libros puede leer en casa o vacaciones.

Revistas en español e inglés

Use cualquier tipo de revistas para:

- Leer y comentar artículos con sus hijos.
- Hacer historias y cuentos de las ilustraciones.
- Nombrar objetos, colores, figuras o personas para aumentar el vocabulario (inglés y español).
- Realizar actividades de arte. (Recortar revistas usadas).

Actividades similares se pueden realizar con periódicos.

Los niños disfrutan de las revistas infantiles y tiras cómicas (comics). Utilícelas para estimular la lectura del inglés y el español.

Casetes y CD: Son importantes para aprender canciones, rimas y bailes.

Existen libros de cuentos en inglés que vienen con el casete. Así practica la pronunciación lo que facilita el aprendizaje de la lectura. Puede usarlos para grabar mensajes para los familiares que viven fuera del país. Lo cual ayuda al niño a la expresión oral.

Videos y DVD: Pueden ser de entretenimiento, como películas y cuentos infantiles o ser educativos para enseñar alguna materia determinada como: lenguaje, matemáticas, ciencias naturales, arte, etc.

Juegos: Como vimos en un capítulo anterior el juego es muy importante en el proceso de aprendizaje.

Hay juegos de entretenimiento o juegos educativos que enseñan alguna habilidad especial.

Programas de T.V.: Los programas de televisión son un medio educativo muy valioso como también los diarios, revistas y libros. Sin embargo los padres y maestros se quejan de que los niños permanecen largas horas frente al televisor en vez de realizar otras actividades como la lectura, el estudio, el juego o el deporte. Los padres deben crear hábitos frente a su uso, limitando horarios, tipo y calidad del programa que pueden ver. Un aspecto favorable de este poderoso medio es el desarrollar tempranamente en los niños un espíritu crítico de lo que ven. Pueden hacer comentarios de lo que les gusta o no a nivel de familia o en la escuela, ampliando así su capacidad de reflexión y razonamiento.

Algunos más solicitados y educativos son: *Sesame Street, Plaza Sesamo, Discovery Channel, Animal Planet, Barney y Sus Amigos*. Otros programas, como algunos de dibujos animados, requieren también la supervisión de los padres debido al carácter violento o negativo de sus personajes.

Películas: Es recomendable que los padres vean con sus hijos películas de carácter familiar, para comentarlas posteriormente. Evite en lo posible que sus pequeños vean teleseries que por lo general ofrecen escenas muy fuertes para la capacidad emocional del niño y no enseñan nada.

Las películas deben ser elegidas en base a la edad del niño y siguiendo un criterio de entretener, educar e instruir.

Internet: Si el uso de la televisión es de gran ayuda para la educación en el hogar, el uso de Internet es el sueño de todo niño y padre para enriquecer el aprendizaje.

El uso múltiple de Internet le da acceso a una gran selección de cuentos, juegos educativos, juegos de entretención; programas de lectura, escritura y matemáticas; música, diccionarios electrónicos, traductores, películas, periódicos, revistas y otras publicaciones; servidores de noticias, envío y recibo de correo electrónico e investigación sobre temas de interés en general.

Un niño de cuatro años ya es capaz de manejar lo básico de algunos programas en el computador. Si es así, busque programas para el aprendizaje del inglés. Son innumerables las compañías que han creado materiales de enseñanza para atender las necesidades de educación infantil de los niños hispanos y sus familias. En algunas bibliotecas, tiene acceso al uso de computadores y diferentes programas en forma gratuita.

Hay muchas actividades, ejercicios y pruebas gratuitas en Internet por ejemplo en *www.curso-ingles.com* y que le ayudará en el aprendizaje del inglés.

Una recomendación importante para los padres es que controlen los sitios de Internet donde navegan sus hijos porque puede ser un arma de doble filo. Existen muchos sitios de Internet que no son apropiados para ellos y crean graves problemas. Por ejemplo, personas adultas se ponen en contacto con menores con engaños para luego concertar una cita con ellos. Para prevenir esta situación existen programas para bloquear estos sitios. Oriente a sus hijos sobre este tema.

Lo que se pretende con estas listas es dar a conocer las mejores actividades que existen para sus hijos y, si hoy usted no puede proveerle este tipo de materiales y recursos, confiamos en que en un futuro cercano esté sumergido en este mundo moderno y global del aprendizaje. Sabemos que usted le dará lo mejor de sí, y juntos podrán disfrutar del maravilloso proceso de aprender.

BIBLIOGRAFÍA

Aarón, A. y Milicic, N. 1999. *Clima Social, Escolar y Desarrollo Personal.* Editorial Andrés Bello, Chile.

Alarcón, F. y Colombi, 1997. *La Enseñanza del Español a Hispanohablantes. Praxis y teoria.* M. Editores.

Aldouś, J. 1978. Family Carres: *Developmental Change in Familias.* John Wiley and Sons,USA.

Álvarez, M. 2002. *Nadie Nos Enseña a Ser Padres.* Ediciones Universidad Católica de Chile, Chile.

Berko, G. y Ratner, N. 1999. *Psicolinguística.* McGraw-Hill, España.

Cubillos, F. 2003. *TLC: La Oportunidad del Mercado Hispano.* Diario La Tercera, Chile.

Gallo, M. y Valenzuela, E. 1990. *La Magia del Lenguaje para Tercer Año Básico.* Editorial Santillana, Chile.

Guidano, V. 1985. *Complexity of the Self.* The Guilford Press, USA.

Horton, P.y Hunt, Ch. 1988. *Sociología.* McGraw-Hill, España.

Jiménez, B. 2001. *Todo lo que necesitas saber para educar a tus hijos.* Plaza y Janés Editores S. A., España.

Jiménez de la Calle, I. y Jiménez, J. 2001. *Técnicas de Estudio para Niños.* RBA Libros S.A., España.

Jolibert, J. 1995. *Acción Tutorial y Orientación Educativa.* Narcea S.A., España.

León, M. 1994. *Identidad, ¿Se Construye en la Familia?.* Siglo XXI, Isis Internacional.

Lipski, J. 1994. *Latin American Spanish.* Longman, USA.

Lyford-Pike, A. 1999. *Ternura y Firmeza con los Hijos.* Ediciones Universidad Católica de Chile, Chile.

Major, S. y Walsh, M. 1997. *Actividades para Niños con Problemas de Aprendizaje.* Ediciones Ceac S.A., España.

Marinángeli, A. 1999. *Revista vº-12 Maestra de 2º Ciclo.* Editorial Peluche SRL, Argentina.

Marinángeli, M. 2002. *Revista Mensual N° 69, 73 Maestra Jardinera*. Ediba SRL, Argentina.

Martínez, B. 1983. *Causas del Fracaso Escolar y Técnicas para Afrontarlo*. Narcea, España.

Mora, J. 1995. *Acción Tutorial y Orientación Educativa*. Narcea S.A., España.

Musen, G. 1987. *Desarrollo de la Personalidad en el Niño*. Editorial Trillas, México.

Richard-Amato, P. 1988 *Making It Happen*. Editorial Longman, USA

Wahlroos, S. 1978. *La comunicación en la Familia*. Editorial Diana, México.

Woloschin, L. y Ungar, A. 2002. *Contar Cuentos*. RBA. Libros S.A., España.

SITIOS WEB

Bilingual Education at the Internacional School of the Península.
www.istp.org/aboutshool/benefits/benefits.html

Education Bilingue. Preguntas y Respuestas.
www.media-alliance.org/voices/bilingual/espanolfaqs.html

ESL and Bilingual Program Models.Clearinghouse, E. y Renie, J.
www.cal.org/ericcll/digest/rennie01.html

El Español en los Estados Unidos. Gómez, G.
www.mediabriefing.com/actualidad_impreso.asp?idarticulos=891

First and Second Language Acquisition in Early Chilhood.
ecap.crc.uniuc.edu/pubs/katzsym/clark-b.html

Hispánico en E.E.U.U: ¿Hacia una nueva definición de comunidad?. Pastor, B.
cvc.cervantes.es/obref/debates_brown/ponencia04.htm

Hispanos en Estados Unidos: Aspectos demográficos.
cvc.cervantes.es/obref/anuario/anuario_00/silva/p01.htm

Lenguas y Hablantes: Imágenes y actitudes en torno al español.
www.realinstituto.org/documentos/45.asp

Los Niños Bilingües: Un desafío para los padres.
www.pediatraldia.clninos_bili.htm

Native Language. Jonhson, R.
www.byu.edu/bilingual/faq.html

The Advantages and Disadvantages of Bilingualism
www.bbc.co.uk/wales/schoolgate/aboutschool/content/3inwelsh.shtml

Would You Like Your Children to Speak English and Spanish?
www.hunter.cuny.edu/blpr/bilingualism.html